Vente des Lundi 2, Mardi 3 et Mercredi 4 Mai 1910

HOTEL DROUOT — SALLE N° 7

CATALOGUE

DE LA

BIBLIOTHÈQUE

DE FEU

M A.-V. LESPERON D'ANFREVILLE

Caissier Principal Honoraire de la Banque de France,
Chevalier de la Légion d'Honneur,
Commandeur de l'Étoile de Roumanie, etc., etc.
Membre de la Société des Amis des Livres,
des Cent Bibliophiles, des XX,
et du Livre Contemporain,

TROISIÈME PARTIE

OUVRAGES SUR LES BEAUX-ARTS – BIBLIOGRAPHIE

Ouvrages illustrés du XIX° siècle

AUTEURS CLASSIQUES

Mémoires historiques, etc., etc.

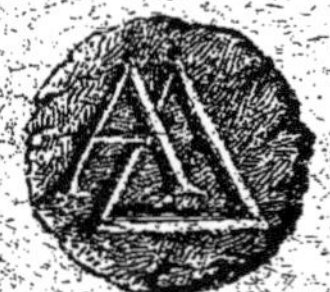

PARIS

A. DUREL

Libraire du Ministère de la Justice

24, RUE DE L'ANCIENNE-COMÉDIE, 24

9 ET 11, PASSAGE DU COMMERCE (VI° ARR.)

1910

CATALOGUE

DE LA

BIBLIOTHÈQUE

DE FEU

Mr A.-V. LESPERON D'ANFREVILLE

TROISIÈME PARTIE

LA VENTE AURA LIEU

LES 2, 3 ET 4 MAI 1910

A deux heures de l'après-midi

HOTEL DES COMMISSAIRES-PRISEURS, 9, RUE DROUOT

Salle n° 7, au premier étage

Par le Ministère de Mᵉ Anpré DESVOUGES, Commissaire-Priseur

Successeur de Mʳ Maurice DELESTRE

26, Rue de la Grange-Batelière, 26 (IXᵉ)

Assisté de M. A. DUREL, Libraire-Expert

21, Rue de l'Ancienne-Comédie, 9-11, Passage du Commerce (VIᵉ)

☞ *Voir l'ordre des Vacations au verso du titre.*

CONDITIONS DE LA VENTE

La vente se fera au comptant.

Les acquéreurs paieront **10 p. 100** en sus des adjudications.

Les livres devront être collationnés dans les vingt-quatre heures de l'adjudication. Passé ce délai, ils ne seront repris pour aucune cause.

M. A. DUREL, **chargé de la vente, remplira aux conditions d'usage, les commissions des personnes qui ne pourraient y assister.**

M. A. DUREL **se réserve la faculté, dans l'intérêt de la vente, de réunir ou de diviser les numéros du Catalogue.**

CATALOGUE

DE LA

BIBLIOTHÈQUE

DE FEU

Mʳ A.-V. LESPERON D'ANFREVILLE

Caissier Principal Honoraire de la Banque de France.
Chevalier de la Légion d'Honneur,
Commandeur de l'Étoile de Roumanie, etc., etc.
Membre de la Société des Amis des Livres,
des Cent Bibliophiles, des XX,
et du Livre Contemporain.

———>•<———

TROISIÈME PARTIE

OUVRAGES SUR LES BEAUX-ARTS — BIBLIOGRAPHIE

Ouvrages illustrés du XIXᵉ siècle

AUTEURS CLASSIQUES

Mémoires historiques, etc., etc.

PARIS

A. DUREL

Libraire du Ministère de la Justice

21, RUE DE L'ANCIENNE-COMÉDIE, 21
9 ET 11, PASSAGE DU COMMERCE (VIᵉ ARR.)

———

1910

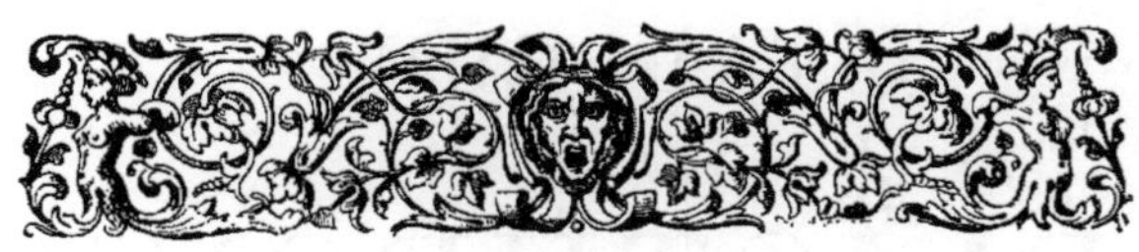

ORDRE DES VACATIONS

Première Vacation. — **Lundi 2 Mai 1910.**

Numéros . . . . 1 à 225

Deuxième Vacation. — **Mardi 3 Mai.**

Numéros . . . . 226 à 454

Troisième Vacation. — **Mercredi 4 Mai.**

Numéros . . . . 455 à 650

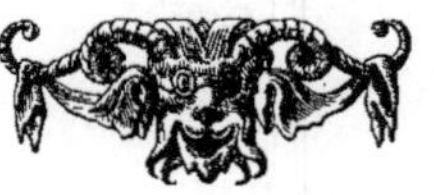

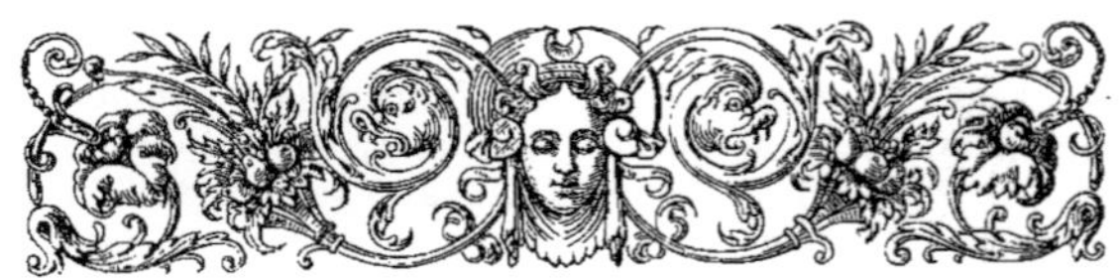

CATALOGUE

DE LA

BIBLIOTHÈQUE

DE FEU

Mr A.-V. LESPERON D'ANFREVILLE

TROISIÈME PARTIE

Ouvrages sur les Beaux-Arts - Bibliographie

Ouvrages illustrés du XIXe Siècle

Auteurs Classiques — Mémoires, etc.

---

1. **Acteurs et Actrices** d'aujourd'hui. **J. Huret**. Sarah-Bernhardt — **A. Germain**. Albert Brasseur. *Paris, Juven, s. d.*, 2 plaquettes in-fol., portr., et fig., br., couv.

     Exemplaires sur **papier du Japon**.

2. **Adeline** (J.). Hippolyte Bellangé et son œuvre, avec eaux-fortes et fac-similé. *Paris, A. Quantin*, 1880, in-8, fig., br., couv.

     L'un des **50** exemplaires sur **papier de Hollande** (n° 29) avec les figures et le portrait en **2 états**.

3. **Aide-Mémoire** du Libraire et de l'Amateur de Livres, par un ancien Libraire. *Paris, Aide-Mémoire du Libraire et de l'Amateur de Livres,* 1906, 2 vol. in-8, br., couv.

4. **Albanès** (A. d') et Georges **Fath**. Les Nains célèbres depuis l'antiquité jusques et y compris Tom-Pouce, illustré de 100 vignettes, par Edouard de Beaumont, gravées par Lavieille. *Paris, Havard*, 1846, pet. in-8, cart., demi-percal. verte, non rog., couv.

5. **Alboize** et Ch. **Elie**. Fastes des Gardes Nationales de France. Edition illustrée de 21 gravures, par les plus célèbres artistes de Paris. *Paris, chez MM. Goubaud et Laurent Olivier*, 1849, gr. in-8, demi-rel. chag. rouge, dos orné, tête dor., non rog., couv.

6. **Album** (L.). Les Maîtres de la Caricature. Aquarelles et dessins inédits de Guillaume, Bac, Léandre, Rabier, Forain, etc. *Paris, Tallandier*, s. d., in-4, cart. de l'éditeur, tête dor., non rog., couv.

7. **Alexandre** (A.). L'Art du Rire et de la Caricature, 300 fac-similés en noir et 12 planches en couleurs d'après les originaux. *Paris, May et Motteroz*, 1893, in-4, br., couv. illust.

8. **Alhoy** (M.) et Louis **Lurine**. Les Bagnes, Histoire, types, mœurs, mystères. Edition illustrée. *Paris, G. Havard, s. d.*, gr. in-8, demi-rel. dos et coins de chag. rouge, tête dor., non rog.

9. **ALLEMAGNE** (H.-R. d'). **Les Cartes à jouer** du XIVᵉ au XXᵉ siècle. *Paris, Hachette et Cie*, 1906, 2 vol. in-4, cart. de l'éditeur, tête dor., non rog.

> Ouvrage contenant 3200 reproductions de Cartes dont 956 en couleurs, 12 planches hors texte coloriées à l'aquarelle. 25 phototypies, 116 enveloppes illustrées pour jeux de cartes et 340 vignettes et vues diverses.

10. **Alméras** (Henri d'). Les Amoureux de la Reine Marie-Antoinette. - Une Amoureuse. Pauline Bonaparte. *Paris, s. d.*, 2 vol. in-12, fig., br., couv.

11. **Analectabiblion**, ou Extraits critiques de divers livres rares, oubliés ou peu connus, tirés du cabinet du marquis D. R*** (du Roure). *Paris, Techener*, 1836-37, 2 vol. in-8, cart. percal., non rog.

12. **Andigné**. Mémoires du général d'Andigné, publiés avec introduction et notes, par Ed. Biré, 1765-1857, avec un portrait en héliogravure. *Paris, Plon-Nourrit et Cie*, 1900-1901, 2 vol. in-8, br., couv.

13. **Anglais** (Les) peints par eux-mêmes. Dessins de M. Renny Meadous. *Paris, L. Curmer*, 1840, 2 vol. gr. in-8, nombr. fig., mar. vert, fil. dor. et ornements à froid sur les plats, tr. dor.

14. **Aquarellistes français** (Société d'). Ouvrage d'art, publié avec le concours artistique de tous les Sociétaires. Texte par les principaux critiques d'art. *Paris, H. Launette. - Goupil et Cie*, 1883, 2 vol. in-fol. illustrés de planches hors texte en photogravure et dessins ou croquis dans le texte, en feuilles dans des cartons.

15. — **Peintres français et étrangers** (Grands). Ouvrage d'art. Publié avec le concours artistique des Maîtres. Texte par les principaux critiques d'art. *Paris, H. Launette. - Goupil et Cie*, 1884-86, 2 vol. in-fol. illustrés de plus de 100 reproductions en photogravure et plus de 250 dessins ou croquis dans le texte en fasc. et en feuilles.

16. **Arioste.** Roland furieux, traduction nouvelle et en prose, par M. V. Philipon de la Madelaine. Edition illustrée de 300 vignettes et de 25 magnifiques planches tirées à part sur Chine, par Tony Johannot, Célestin Nanteuil, etc. *Paris, Mallet et Cie*, 1844, gr. in-8, demi-rel. dos et coins de chagr. grenat, tête dor., non rog., couv.

17. **Arioste.** Roland furieux, poème héroïque, par Arioste, traduit par A.-J. Du Pays, et illustré par G. Doré. *Paris, Hachette et Cie*, 1879, in-fol., cart. des éditeurs, non rog.

18. **Armelhault** (J.). et E. **Bocher.** L'Œuvre de Gavarni. Lithographies originales, essais d'eau-forte et de procédés nouveaux. Catalogue raisonné, orné d'un portrait inédit de Gavarni, dessiné par lui-même et de deux lithographies et une eau-forte de cet artiste, également inédites. *Paris, Librairie des Bibliophiles*, 1873, in-8, br., couv.

   L'un des **12** exemplaires sur **papier de Chine**.

19. **Armengaud** (M. J. G. D.). Les Trésors de l'Art. *Paris, Typographie de Ch. Lahure*, 1859-1868, 3 vol. in-fol., fig., demi-rel. mar. rouge, plats toile, tr. dor.

20. **Arnoult** (Sophie). Mémoires de Mademoiselle Sophie Arnoult, recueillis et publiés par le baron de Lamothe-Langon. *Paris, Alardin,* 1837, 2 vol. in-8, demi-bas. verte, non rog.

21. **Artamof** (Piotre). La Russie historique, monumentale et pittoresque, par Piotre Artamof, avec la collaboration de M. J.-G.-D. Armengaud. *Paris, Imprimerie de Ch. Lahure et Cie,* 1862-1865, 2 vol. in-fol., nombr. illustrations, mar. chag. rouge, fers spéciaux, tr. dor.

22. **Art Contemporain** (L'). Peintres et Sculpteurs. *S. l. n. d.,* 2 vol. in-fol., fig., demi-rel. mar. bleu, plats toile, tr. jasp.

23. **Asselineau** (Ch.). Bibliographie romantique, seconde édition, revue et très augmentée avec une eau-forte de Bracquemond — Appendice à la seconde édition de la Bibliographie romantique. *Paris, P. Rouquette,* 1872-1874, gr. in-8, demi-rel. mar. bleu, dos orné, non rog., couv.

24. **Asselineau** (Ch.). Charles Baudelaire. Sa vie et son œuvre. *Paris, A. Lemerre,* 1869, in-12, portr., cart. dos de percal., non rog.

Édition originale.

25. **Augé** (E.). Les Environs de Rouen, cent vingt dessins, par Fraipont. *Rouen, E. Augé,* 1890, gr. in-4, br., couv. illust.

26. **Aumale** (Duc d'). Histoire des Princes de Condé pendant les XVIe et XVIIe siècles, avec cartes et portraits gravés sous la direction de Henriquel-Dupont. *Paris, Michel Lévy Frères,* 1863, 7 vol. in-8, br., couv.

27. **Aux Victimes** de la Guerre Russo-Japonaise. Un Groupe d'Artistes. *Paris, Ed. Pelletan, s. d.,* in-4, br., couv. illust.

28. **BABELON** (E.). Le Cabinet des Antiques à la Bibliothèque Nationale. Choix des principaux monuments de l'Antiquité, du Moyen-Age et de la Renaissance conservés au département des médailles et antiques de la Bibliothèque Nationale. *Paris, A. Lévy,* 1887, 3 vol. gr. in-fol. en feuilles dans 2 cartons.

Ouvrage orné de 60 planches hors texte.

29. **Babelon** (E.). Description historique et chronologique des Monnaies de la République Romaine vulgairement appelées Monnaies Consulaires. *Paris, Rollin et Feuardent,* 1885-1886, 2 vol. gr. in-8 fig., br., couv.

3o. **Babelon** (E.). Histoire de la gravure sur Gemmes en France depuis les origines jusqu'à l'époque contemporaine, ouvrage illustré de gravures dans le texte et accompagné de XXII planches en phototypie. *Paris, Propagation des Livres d'Art,* 1902, in-4, br., couv.

3i. **Bac.** *Paris, Simonis Empis, s. d.,* 5 vol. in-fol. br., couv. illust.

> La Femme Intime — Les Alcôves — Nos Femmes — Nos Amoureuses — Le Triomphe de la Femme.
> Exemplaires sur **papier du Japon** dont un sur **papier de Chine.**

32. **Badin** (J.). La Manufacture de Tapisserie de Beauvais depuis ses origines jusqu'à nos jours. Nombreux documents inédits et 3o reproductions de tapisseries. Avertissement par M. Jules Guiffrey. *Paris, Propagation des Livres d'Art,* 1909, in-4, br., couv.

> L'un des **50** exemplaires sur **papier vélin d'Arches** (n° 6).

33. **Baer** (Gil.). Celles qui aiment — Celles qui dansent. *Paris, Simonis Empis, s. d.,* 2 vol. in-fol. br., couv. illust.

> On y joint : Nos baigneuses. *Paris Simonis Empis, s. d.,* in-fol. br. couv. illust.
> Exemplaires sur **papier du Japon.**

34. **Balzac.** Les Chouans. Illustrations de Julien Le Blant, gravées sur bois par Léveillé. *Paris, Testard et Cie,* 1889, gr. in-8, demi-rel. dos et coins de mar. vert, dos orné, tête dor. non rog., couv. *(Pouillet).*

> Exemplaire contenant la suite des eaux-fortes de Julien Le Blanc.

35. **Balzac.** La Peau de chagrin. Etudes sociales. *Paris, H. Delloye, V. Lecou,* 1838, gr. in-8, vignettes d'après les dessins de Gavarni, Baron, Janet-Lange, etc., mar. rouge, dos orné fil., tr. dor.; étui. *(Raparlier).*

> Exemplaire de premier tirage, avec les deux portraits sur Chine ajoutés.

36. **Balzac.** Petites Misères de la Vie Conjugale. Illustrées par Bertall. *Paris, Chlendowski, s. d.,* gr. in-8, demi-rel. chagrin bleu, plats toile, tr. jasp.

37. **Bapst** (Germain). L'Orfévrerie française à la Cour de Portugal au XVIIIe Siècle. *Paris, Propagation des Livres d'Art,* 1892, in-4, 22 planches, br., couv.

38. **Barail** (Général du). Mes souvenirs. *Paris, Plon-Nourrit,* 1894-1896. 3 vol. in-8, 3 port., br., couv.

39. **BARBET de JOUY**. Les Gemmes et Joyaux de la Couronne au Musée du Louvre expliqués par Barbet de Jouy dessinés et gravés à l'eau-forte d'après les originaux par Jules Jacquemart. *Paris, Techener,* 1882-1886, 31 livraisons in-fol. br., non rog., couv.

40. **Barbier**. Chronique de la régence et du règne de Louis XV (1718-1763) ou Journal de Barbier. Première Edition complète. *Paris, G. Charpentier,* 1885, 8 vol. in-12, br., couv.

41. **Barbier et Desessarts.** Nouvelle bibliothèque d'un homme de goût, entièrement refondue, corrigée et augmentée par A.-A. Barbier et N. L. M. Desessarts. *A Paris, chez Duminil-Lesueur,* 1808-1810, 5 vol. in-8, demi-rel. mar. grenat, têtes dor., non rog.

42. **BARBIER et QUÉRARD**. Dictionnaire des ouvrages anonymes — Les Surpercheries Littéraires dévoilées — Supplément par G. Brunet. *Paris, P. Daffis,* 1869-1889, 8 vol. gr. in-8, demi-rel. mar. La Vall., têtes dor., non rog., couv. (*Féchoz*).

> Exemplaire en **grand papier**.

43. **Barron** (Louis). Les Environs de Paris. Ouvrage illustré de 500 dessins d'après nature, par G. Fraipont, et accompagné d'une carte en couleur. *Paris, Quantin, s. d.,* gr. in-8, demi-rel. mar. bleu, tête dor., non rog., couv.

44. **Barthélemy** (Cte Ed. de). Les Correspondants de la Marquise de Balleroy, d'après les originaux inédits de la bibliothèque Mazarine. *Paris, Hachette et Cie,* 1883, 2 vol. in-8, br., couv.

45. **Barthélemy** et **Méry**. Napoléon en Egypte, Waterloo et le Fils de l'homme, précédés d'une notice littéraire par M. Tis-

sot. Edition illustrée par Horace Vernet et H. Bellangé. *Paris, E. Bourdin, s. d.* (1842), gr. in-8, mar. La Vall., dos et plats ornés, fers spéciaux, tr. dor. (*Bouligny*).

46. **Baschet** (Armand). Le Duc de Saint-Simon. Son Cabinet et l'historique de ses manuscrits d'après des documents authentiques et entièrement inédits. *Paris, E. Plon et Cie*, 1874, in-8, pap. vergé, frontispice, demi-rel. dos et coins de mar. bleu, tête dor.

Exemplaire sur **papier Whatman**.

47. **Baschet** (Armand). Honoré de Balzac. Essai sur l'homme et sur l'œuvre avec Notes historiques, par Champfleury. *Paris, Giraud et Dagneau*, 1852, in-12, br.

Edition originale, avec la couverture.

48. **Baschet** (Armand). Le Roi chez la Reine ou histoire secrète du Mariage de Louis XIII et d'Anne d'Autriche. *Paris, Aubry*, 1864, in-8, demi-rel. dos et coins de mar. bleu, dos orné, tr. dor., non rog. (*Smeers*).

Exemplaire sur **papier vélin**.

49. **Beauchamps** (J. de) et Ed. **Rouveyre**. Guide du Libraire-Antiquaire et du Bibliophile. Préface par Jules Richard. *Paris, E. Rouveyre*, 1884-1885, in-8, fig., cart. dos de mar. La Vall., dos orné, tête dor., non rog.

L'un des **60** exemplaires sur **papier Seychall Mill**.

50. **Beauchesne** (M. A. de). Louis XVII, sa vie, son agonie, sa mort. Captivité de la famille Royale au Temple. Troisième Edition enrichie d'autographes et ornée des portraits de la famille royale gravés en taille douce sous la direction de M. Henriquel-Dupont. *Paris, Plon*, 1861, 2 vol. gr. in-8, demi-rel. dos et coins chag. La Vall., têtes dor. ébarbés.

51. **Beauchesne** (M. A. de). La Vie de Madame Elizabeth. Ouvrage enrichi de deux portraits et précédé d'une lettre de Mgr Dupanloup. *Paris, H. Plon*, 1870, 2 vol. in-12, cart. dos et coins de percal. viol., non rog.

52. **Beautés de l'Opéra** (Les) ou chefs-d'œuvre lyriques illustrés par les premiers artistes de Paris et de Londres, avec un

texte explicatif rédigé par Th. Gautier, J. Janin et Ph. Chasles. *Paris, Soulié,* 1845, in-8, cart. de l'éditeur, tr. dor.

53. BENVENUTO CELLINI (La Vie de) écrite par lui-même. Traduction de Léop. Leclanché, notes et index de M. Franco, illustré de 9 eaux-fortes par F. Laguillermie, et de reproductions des œuvres du maître. *Paris, Quantin,* 1881, gr. in-8, pap. vergé teinté, titre r. et n., demi-rel. dos et coins de mar. rouge, dos orné et mosaïqué, tête dor., non rog. *(Raparlier).*

L'un des **80** exemplaires sur **papier Whatman** (nº 48).

54. BÉRANGER (P.-J. de). Œuvres complètes. Edition unique revue par l'auteur, ornée de 104 vignettes en taille-douce dessinées par les peintres les plus célèbres. *Paris, Perrotin,* 1834, 4 vol. gr. in-8, cart. dos et coins de mar. citron, dos orné, non rog. *(Vogel).*

Exemplaire en **grand papier** avec les **figures** sur **Chine**.

55. Bérat (Frédéric). Chansons, paroles et musique. Illustrations par T. Johannot, Raffet, Bida, Gendron, Lancelot, Mouilleron, E. Leroux, Pauquet, A. Marsaud, Grenier, C. Nanteuil, Gérard Séguin, H. Potin, gravées sur bois par Jardin, portrait de l'auteur dessiné par V. Pollet et gravé par A. Blanchard. *Paris, A. Curmer, s. d.* (1853), in-8, portr., figures et planches de musique hors texte, cart. dos de percal. verte, ébarbé.

Premier tirage, avec la couverture.

56. Berleux (Jean) [**Quentin-Bauchart**]. La Caricature politique en France pendant la guerre, le siège de Paris et la Commune (1870-1871). *Paris, Labitte,* 1890, gr. in-8, fig., br., couv.

57. Bertall. La Comédie de notre temps. La Civilité. — Les Habitudes. — Les Mœurs. — Les Coutumes. — Les Manières et les Manies de notre époque. — Les Enfants. — Les Jeunes.— Les Murs. — Les Vieux. Etudes au crayon et à la plume, par Bertall. — La Vie hors de chez soi. L'Hiver. Le Printemps. l'Été. l'Automne. Etudes au crayon et à la plume. *Paris, E. Plon et Cie,* 1874-1876, 3 vol. gr. in-8, demi-rel. dos et coins de chag. rouge, dos ornés, têtes dor., non rog.

Le volume de « La Vie hors de chez soi » est en demi-rel. chag. grenat foncé, plats toile, tr. dor.

58. Bibliographie des ouvrages relatifs à l'Amour, aux Femmes, au Mariage, et des livres facétieux, pantagruéliques, scatologiques, satyriques, etc., par M. le C. d'I. Quatrième édition entièrement refondue, augmentée et mise à jour par Lemonnyer. *Paris, Lemonnyer et Gilliet*, 1894-1900, 4 vol. gr. in-8, br., couv.

59. Bibliographie. *Paris, 1848 et années suivantes*, 8 plaquettes in-8 et in-12, cart. et br.

Connaissances nécessaires à un bibliophile. — Octave Uzanne. Caprices d'un bibliophile, avec une eau-forte de Ad. Lalauze. — Alexandre Piédagnel. Un bouquiniste parisien. Frontispice à l'eau-forte par Max Lalanne. — De la Matière des Livres, par un Bibliophile. — Quérard. Omissions et Bévues de la Littérature française contemporaine (Tome II°). — Bibliographie des œuvres d'Edmond le Blant. — Quentin-Bauchart. Un Bibliophile Picard. — Ferd. Drujon. Essai bibliographique sur la destruction volontaire des livres.

60. Bibliographie. *Paris, Ed. Rouveyre, A. Aubry*, 1866 *et années suivantes*, 6 vol. ou brochures in-12, br., couv.

Derome. Le Luxe des Livres. — Richard (J.). L'Art de former une bibliothèque. — Etablissement d'une bibliothèque. — P.-L. Jacob. Les Amateurs de Vieux Livres. — Fantaisie bibliographique, par J. S. — A. Laporte. Barbey d'Aurevilly et ses œuvres.

61. Bibliographie. *Paris, 1877 et années suivantes*, 6 vol. in-8 br., couv.

H. Harrisse. Bibliographie de Manon Lescaut. — La Bibliographie Jaune par l'Apôtre. — Bibliographie Clérico-Galante. — Fertiault. Les légendes du Livre. — Ed. Rouveyre. Miscellanées bibliographiques (2° et 3° parties).

62. Bibliothèque de Luxe (Petite). *Paris, A. Quantin*, 1888-1885, 10 vol. pet. in-8, portr. et eaux-fortes, br., couv.

Bernardin de Saint-Pierre. Paul et Virginie. — Benjamin Constant. Adolphe. — Mme de Lafayette. La Princesse de Clèves. — Cazotte. Le Diable amoureux. — L'abbé Prévost. Manon Lescaut. — Furetière. Le Roman Bourgeois. — Chateaubriand. Atala et René. Le dernier Abencerage. — Mme de Krudener. Valérie. — Diderot. Le neveu de Rameau. — Mme de Tencin. Mémoires du Comte de Comminges. Le Siège de Calais.

63. Bibliothèque du Musée de Sculpture comparée du Trocadéro. *Paris, Armand Guérinet, s. d.*, in-fol., 72 planches, dans un carton.

64. Bibliothèque de Poche, par une société de gens de lettres et d'érudits. *Paris, Paulin*, 1845 *et années suivantes*, 10 vol. in-12, demi-rel. chag. brun, têtes dor., non rog., couv.

Curiosités littéraires. — Curiosités bibliographiques. — Curiosités biographiques. — Curiosités historiques. — Curiosités des origines et des inventions. — Curiosités des Beaux-Arts et de l'Archéologie. — Curiosités Militaires. — Curiosités philologiques. — Curiosités des traditions, mœurs et usages, etc. — Curiosités anecdotiques.

65. **BIBLIOTHÈQUE DES MÉMOIRES** relatifs à l'histoire de France pendant le XVIIIe siècle, avec avant-propos et notices par M. F. Barrière (28 vol.). — Nouvelle série avec introductions, notices et notes par M. de Lescure (9 vol.). *Paris, Firmin Didot*, 1881-1888, ens. 37 vol. in-12, br., couv.

66. **Biographies et Etudes littéraires.** *Paris, 1861 et années suivantes*, 12 vol. in-12, br., couv.

> Emile Zola, L'Honneur et l'OEuvre. — René Jacquet. Notre Maître Maurice Barrès. — R. du Pontavice du Heussey. Villiers de l'Isle-Adam. — Martin-Many. Marcelle Tinayre. — Dom du Bourg. Huysmans intime. — Ch. Donos. Verlaine Intime. — Jehan Rictus. Le Cas Edmond Rostand. — Théodore Pelloquet. Henry Murger. — Barbey d'Aurevilly. Réponse à ses réquisitoires contre les bas bleus. — Remy de Gourmont et son OEuvre. — Henri de Régnier et son OEuvre. — Pensées de Maurice Barrès.

67. **Biographies et Etudes Littéraires.** *Paris, 1874 et années suivantes*, 6 vol. in-12, br., couv.

> E. Feydeau. Théophile Gautier. Souvenirs Intimes. — G. Ferry. Les dernières années d'Alexandre Dumas. — Haussonville (Comte d'). Sainte-Beuve, sa Vie et ses OEuvres. — E. Bergerat. Théophile Gautier, Entretiens, Souvenirs et Correspondances. — S. Rocheblave. George Sand et sa fille. — Al. Le Roy. George Sand et ses amis.

68. **Bitard** (A.). L'Exposition de Paris (1878). Edition enrichie de vues, de scènes, de reproductions d'objets d'art, de machines, de dessins et gravures par les meilleurs artistes. *Paris, Librairie Illustrée*, 1878, in-fol., demi-rel. dos et coins de mar. vert, tête dor., non rog.

> On y joint : l'Art ancien et l'Art moderne à l'Exposition de 1878. *Paris, Quantin*, 1879, 2 vol. in-4, fig., demi-rel. dos et coins de mar. bl., têtes dor., non rog.

69. **BLANC** (Charles). Le Trésor de la Curiosité, tiré des catalogues de Ventes de Dessins, Porcelaines, Objets d'art, etc., etc., avec diverses Notes et Notices historiques et biographiques et précédé d'une lettre à l'auteur. *A Paris, chez Vve Jules Renouard*, 1857-1858, 2 vol. in-8, mar. orange, dos ornés, fil. sur les plats, dent. int., têtes dor. (*Belz-Niédrée*).

> Exemplaire en **grand papier**.

70. **Bocher** (Ch.). Mémoires, 1816-1907, précédés des Souvenirs de Famille, 1760-1816. *Paris, E. Flammarion, s. d.*, 2 vol. in-8, br., couv.

71. **Boileau**. Œuvres poétiques, suivies d'œuvres en prose, publiées avec Notes et Variantes par P. Chéron. *Paris, Librairie des Bibliophiles*, 1876, 2 vol. in-8, portr., br., couv.

L'un des **170** exemplaires sur **papier de Hollande** (n° 161), avec un portrait de l'auteur par Lalauze.

72. **Boileau**. Œuvres poétiques, avec une introduction et des notes par F. Brunetière. Eaux-fortes par Mme Louveau-Rouveyre, MM. Abot, Boilvin, Champollion, Courtry, L. Flameng, Lalauze, Lerat, Waltner, etc., d'après Mme Madeleine Lemaire, MM. Bida, G. Boulanger, Chevignard, F. Flameng, Hédouin, J. Le Blant, Maignan, Vibert, etc. *Paris, Hachette et Cie*. 1889, gr. in-4, en feuilles, dans un carton.

L'un des **50** exemplaires sur **papier vélin** (n° 179).

73. **Bonneau** (Alcide). Curiosa. Essais critiques de Littérature ancienne, ignorée ou mal connue, par Alcide Bonneau. *Paris, I. Liseux*, 1887, pet. in-8, br., couv.

Exemplaire sur **papier de Hollande**.

74. **Bosc** (E.). Dictionnaire de l'Art, de la Curiosité et du Bibelot. *Paris, Firmin Didot*, 1883, gr. in-8, fig., demi-rel. dos et coins de chag. rouge, dos orné, tête dor., non rog.

75. **Bosquet** (Em.). La Reliure, études d'un praticien sur l'Histoire et la Technologie de l'Art du Relieur-Doreur, par Em. Bosquet, avec une lettre-préface de Léon Gruel. Ouvrage orné de 24 planches hors-texte. *Paris, Lahure*, 1894, gr. in-8, demi-rel. mar. La Vall. clair, dos orné, tête dor., non rog., couv.

Exemplaire sur **papier du Japon**.

76. **Bosset** (C. P. de). Essai sur les Médailles antiques des Iles de Céphalonie et d'Ithaque. *Londres, pour Longman, Hurst, etc.*, 1815, in-4, fig., cart., non rog.

77. **Bossuet** (Jacques-Bénigne). Discours sur l'Histoire universelle, publié avec une introduction et des notes, par Armand Gasté. *Paris, Librairie des Bibliophiles*, 1885, 2 vol. in-8, portr., br., couv.

L'un des **170** exemplaires sur **papier de Hollande** (n° 16).

78. **Bossuet**. Oraisons funèbres, publiées avec une introduction
et des notes historiques et bibliographiques, par Armand
Gasté. *Paris, Librairie des Bibliophiles*, 1883, in-8, fig., br., ·
couv.

L'un des **170** exemplaires sur **papier de Hollande** (n° 141), avec un
portrait de l'auteur, par Lalauze.

79. **Bouchot** (Henri). Les Livres à Vignettes du XV° au XIX°
siècle, 2 vol. — Des Livres Modernes qu'il convient d'ac-
quérir. — Les Ex-Libris et les Marques de Possession du
Livre. — La Reliure. Exemples à imiter ou à rejeter. *Paris,
Rouveyre*, 1891. — Ens. 5 vol. in-12, pap. vél. teinté, fig., br.,
couv.

80. **Bouchot** (Henri). Le Luxe français. L'Empire — La Restauration. Illustration documentaire, d'après les originaux de
l'époque. *Paris, Librairie Illustrée, s. d.*, 2 vol. gr. in-8,
br., couv.

81. **Bourgoing** (Baron de). Souvenirs militaires du Baron de
Bourgoing (1791-1815), avec un portrait. *Paris, Plon, Nourrit et Cie*, 1897, in-12, br., couv.

Exemplaire sur **papier de Hollande**.

82. **Bournon** (F.). La Bastille. *Paris, Imprimerie nationale*,
1893, in-4, fig., demi-rel. mar. bleu, dos orné, tête dor.,
non rog., couv.

83. **Bourrienne** (de). Mémoires de M. de Bourrienne, ministre
d'État sur Napoléon, le Directoire, le Consulat, l'Empire et
la Restauration. *A Paris, chez Ladvocat*, 1829, 10 vol. in-8,
veau vert olive, dos ornés, fil. dor., dent. à froid sur les plats,
dent. int., tr. marb.

84. **Braun** (Thomas). L'An. *Paris et Bruxelles, Lyon, Claesen*,
1897, in-4, obl., fig. col., demi-rel. dos et coins de mar.
rouge, tête dor., non rog., couv. (*Loisellier*).

85. **Brazier** (Nicolas). Chroniques des Petits Théâtres de Paris,
réimprimées avec notice, variantes et notes. *Paris, Rouveyre et Blond*, 1883, 2 vol. in-12, demi-rel. dos et coins de
mar. rouge, têtes dor., non rog., couv. (*Loisellier*).

Exemplaire sur papier vergé.

86. **Brienne**. Mémoires inédits de Louis-Henri de Loménie, Comte de Brienne, secrétaire d'Etat sous Louis XIV, publiés sur les manuscrits autographes, avec un essai sur les mœurs et sur les usages du XVIIe siècle. *Paris, Ponthieu et Cie,* 1828, 2 vol. in-8, br., couv.

87. **Brillat-Savarin**. Physiologie du Goût, illustré par Bertall, précédé d'une Notice biographique par Alph. Karr, dessins à part du texte, gravés sur acier par Ch. Geoffroy, gravures sur bois, intercalées dans le texte, par Midderigh. *Paris, Gabr. de Gonet, s. d.* (1848), gr. in-8, demi-rel., dos et coins de veau rouge, non rog.

    Figures sur **papier de Chine**.

88. **Brisson** (Adolphe). Nos humoristes. *Paris, Société d'Edition Artistique, s. d.,* in-fol., br., couv.

    Exemplaire sur **papier du Japon**.

89. **BRIVOIS** (Jules). Bibliographie des ouvrages illustrés du XIXe siècle. *Paris, Léon Conquet,* 1883, gr. in-8, demi-rel., dos et coins de mar. rouge, tête dor., non rog., couv. (*Ritter*).

    Epuisé. — Rare.

90. **Brivois** (Jules). Bibliographie de l'Œuvre de P.-J. de Béranger. *Paris, Conquet,* 1876, in-8, br., couv.

    L'un des exemplaires sur **papier vergé de Hollande** (n° 104).
    Lettre autographe de l'auteur.

91. **Brivois** (Jules). Essai de Bibliographie des Œuvres de Alphonse Daudet, avec fragments inédits. *Paris, Léon Conquet,* 1895, pet. in-8, br., couv.

    L'un des 200 exemplaires sur papier vergé.

92. **BRONGNIART** (A.) et D. **RIOCREUX**. Description méthodique du Musée Céramique de la manufacture royale de porcelaine de Sèvres. *Paris, A. Leleux,* 1845, 2 vol. in-4, dont un de planches en couleurs, demi-rel. mar. bleu, têtes dor., non rog.

93. **BRUNET** (J.-C.). **Manuel du Libraire**, 6 vol. — Supplément, 2 vol. *Paris, Firmin-Didot,* 1860-1880, 8 vol. in-8, demi-rel., dos et coins de mar. rouge, dos ornés, têtes dor., non rog. (*Pagnant*).

94. **Brunet** (Gustave). La Bibliomanie en 1878-1885. Bibliographie rétrospective. *Bruxelles, Gay et Doucé*, 1878-1885, 6 plaq. in-12, br., couv.

95. **Brunet** (Gustave). Imprimeurs imaginaires et libraires supposés. — Etudes sur la Reliure des Livres. *Paris, Bordeaux*, 1866-1891, 2 vol. in-8, br., couv.

> On y joint : Philomneste Junior. Les Livres Cartonnés — Livres payés en Vente publique 1.000 fr. et au-dessus. *Bruxelles, Bordeaux*, 1877-1878, 2 vol. in-12 et in-8, br., couv.

96. **Burty** (Ph.). Chefs-d'œuvre des Arts Industriels. Deux cents gravures sur bois. *Paris, P. Ducrocq, s. d.*, in-4, mar. rouge, armes sur les plats, dent. int., tête dor., non rog.

> Envoi autographe de l'auteur (1866).

97. **Burty** (Philippe). Lettres d'Eugène Delacroix, 1815-1863, avec fac-similé de lettres et de palettes. *Paris, Quantin*, 1878, in-8, portr., br., couv.

> L'un des **50** exemplaires sur **papier de Hollande** (n° 24), avec le portrait en **2 états**.

98. **Cabanès** (Dr). Balzac Ignoré. *Paris, A. Charles*, 1899, pet. in-4, cart., dos de percal. grise, non rog., couv.

> Exemplaire avec 2 portraits et un fac-similé.

99. **Cabanès** (Dr). Le Cabinet secret de l'Histoire, précédé d'une lettre de M. Victorien Sardou. *Paris, Chronique Médicale*, 1895-1900, 4 vol. in-12, br., couv.

> Exemplaires sur **papier de Hollande**.

100. **Cabanès** (Dr). Les Indiscrétions de l'Histoire. *Paris, A. Michel*, 1903, *et années suivantes*, 6 vol. in-12, fig., br., couv.

101. **Cahu** (Théodore) et Maurice **Leloir**. Richelieu. Avant-propos de Gabriel Hanotaux, de l'Académie Française. *Paris, Ancienne Librairie Furne ; Combet et Cie, édit. (Impr. Firmin-Didot et Cie)*, 1901, gr. in-4, quarante figures en couleurs par Maurice Leloir, dans le cartonn. de l'éditeur.

102. **Campardon** (Emile). Madame de Pompadour et la Cour de Louis XV au milieu du XVIIIe siècle, avec un portrait gravé d'après le pastel de La Tour et le fac-similé d'une lettre. *Paris, H. Plon*, 1867, in-8, cart. dos de mar. La Vall. clair, tête dor., non rog., couv. (*Durvand*).

103. **Campardon** (Emile). Le Tribunal révolutionnaire de Paris. Ouvrage composé d'après les documents originaux conservés aux Archives de l'Empire, suivi de la liste complète des personnes qui ont comparu devant le Tribunal et enrichi d'une gravure et de fac-simile. *Paris, Henri Plon*, 1866, 2 vol. gr. in-8, demi-rel. mar. rouge, tête rouge, non rog. (*Durvand*).

104. **Canel** (A.). Blason populaire de la Normandie, comprenant les proverbes, sobriquets et dictons relatifs à cette ancienne province et à ses habitants. *Rouen, A. Lebrument*, 1859, 2 vol. in-8, demi-rel. chag. rouge, têtes dor., non rog. (*Thierry*).

105. **Catalogue** de Livres anciens et modernes rares et curieux de la Librairie Auguste Fontaine. *Paris, Aug. Fontaine*, 1870-1882, 7 vol. gr. in-8, demi-rel. mar. rouge, têtes dor., non rog.

106. **Catalogue** des Livres rares et précieux de la Bibliothèque de feu M. le Comte de Mac-Carthy Reagh. *A Paris, chez de Bure*, 1815, 2 vol. in-8, basane marb., dos ornés, tr. jaunes.

107. **Catalogue** des Objets d'Art et de Haute Curiosité, etc., composant la Collection **Emile Gaillard**. *Paris*, 1904, in-fol., fig., br., couv., emboîtage.

108. **Catalogue** des Objets d'Art et d'Ameublement des XVIIe et XVIIIe siècles, composant la collection de **Madame C. Lelong**. *Paris*, 1903, 3 vol. in-4, fig., br., couv.

109. **Caumont** (A. de). Abécédaire ou rudiment d'Archéologie. *Caen, Le Blanc-Hardel*, 1870, 3 vol. in-8, br., couv.

110. **Caussidière**. Mémoires. *Paris, Michel Lévy frères*, 1849, 2 vol. in-8, cart. dos de bas. verte, tr. jasp.

111. **Célébrités d'Aujourd'hui** (Les). *Paris, Sansot et Cie, 1903 et années suivantes*, 35 vol. in-12, br., couv.

M. Barrès — F. Coppée — M. Donnay — A. France — H. de Gourmont — H. Houssaye — J. Lemaître — M. Maeterlinck — C. Mendès — Péladan — Willy, etc.

112. **Cellarius**. La Danse des Salons, dessins de Gavarni, gravés par Lavieille. *Paris, chez l'auteur*, 1849, in-8, cart. dos et coins de percal. verte, non rog., couv.

113. **Centaure** (Le). Rédigé par Henri Albert, André Gide, A. Ferdinand Herold, André Lebey, Pierre Loüys, Henri de Régnier, Jean de Tinan, P. V., avec la collaboration artistique de Jacques-Emile Blanche, Fantin-Latour, Charles Léandre, Félicien Rops, etc., etc. *Paris*, 1896, 2 vol. pet. in-4, nomb. illust. et fac-simile d'autographe de J.-M. de Hérédia, cart. toile verte, non rog., couv.

114. **Cervantès**. L'Ingénieux Hidalgo Don Quichotte de la Manche, par Miguel de Cervantès Saavedra, traduit et annoté par Louis Viardot, vignettes de Tony Johannot. *Paris, Dubochet et Cie*, 1836-1837, 2 vol. gr. in-8, cart. dos de mar. grenat, non rog. (*Magnin*).

115. **Cervantès**. Rinconète et Cortadillo. Nouvelle édition. 67 compositions par Atalaya, traduction et notes de Louis Viardot. *Paris, Boudet*, 1891, gr. in-8, br., couv.

116. **Challamel** (Augustin). Histoire-Musée de la République française depuis l'assemblée des notables jusqu'à l'empire, avec les estampes, costumes, médailles, caricatures, portraits historiés et autographes les plus remarquables du temps. *Paris, Challamel*, 1842, 2 vol. gr. in-8, demi-rel. bas., dos ornés, non rog.

117. **Chamfort** (N.). Œuvres choisies, publiées avec préface, notes et tables, par M. de Lescure. *Paris, Librairie des Bibliophiles*, 1879, 2 vol. in-8, port., br., couv.

> L'un des **170** exemplaires sur **papier de Hollande** (nº 62), avec un portrait de l'auteur par Lalauze.

118. **Champfleury**. Les Chats. Histoire — Mœurs — Observations — Anecdotes. Illustré de 52 dessins par Eug. Delacroix, Viollet-le-Duc, Mérimée. *Paris, J. Rothschild*, 1869, in-12, cart. dos et coins chag. brun, tête dor., non rog.

119. **Champfleury**. Henry Monnier, sa vie, son œuvre, avec un catalogue complet de l'Œuvre et 100 gravures fac-similé. *Paris, E. Dentu*, 1879, in-8, demi-rel. chag. citron, non rog., couv.

120. **Champfleury**. Histoire de la Caricature antique — Histoire
de la Caricature au Moyen-Age — Histoire de la Caricature
sous la Réforme — Histoire de la Caricature sous la République — Histoire de la Caricature moderne — Histoire des
Faïences patriotiques — Histoire de l'Imagerie populaire.
Paris, E. Dentu, 1867 et années suivantes, 7 vol. in-12, cart.
dos de toile bleue, têtes bleues, non rog., couv.

121. **Champfleury**. Histoire des Faïences patriotiques sous la
Révolution — Henry Monnier, sa vie et son œuvre. *Paris, E.
Dentu*, 1867-1879, 2 vol. in-8, fig., br., couv.

122. **Champfleury**. Histoire des Faïences patriotiques sous la
Révolution. Troisième édition, avec gravures et marques
nouvelles. *Paris, E. Dentu*, 1875, in-12, br., couv.

　　Exemplaire sur **papier vergé de Hollande**.

123. **Champfleury**. Le Musée secret de la Caricature. *Paris, E.
Dentu*, 1888, in-12, fig., br., couv., étui.

124. **Champfleury**. Les Vignettes Romantiques. Histoire de la
littérature et de l'Art (1825-1840). 150 vignettes par Célestin
Nanteuil, Tony Johannot, Devéria, Jeanron, Edouard May,
Jean Gigoux, Camille Rogier, Achille Allier. Suivi d'un Catalogue complet des Romans, Drames, Poésies, ornés de vignettes, de 1825 à 1840. *Paris, E. Dentu*, 1883, in-4, pap. vél.
teinté, titre r. et n., demi-rel. dos et coins de mar. vert, dos
orné et mosaïqué, tête dor., ébarbé, couv.

125. **Champier**. Les Anciens Almanachs illustrés. Histoire du
calendrier depuis les temps anciens jusqu'à nos jours. Ouvrage accompagné de 500 planches hors texte par Gaultier,
Bosse, Lepautre, Devéria, etc. *Paris, Frinzine*, 1885, in-fol.
en feuilles dans le cart. de l'éditeur.

126. **Champier** (V.) et G. **Roger Sandoz**. Le Palais-Royal,
d'après des documents inédits, depuis le Cardinal de Richelieu jusqu'à nos jours. *Paris, Propagation des Livres d'Art*,
1900, 2 vol. in-4, fig., br., couv.

　　Envoi autographe de Roger Sandoz.

127. **Chanet** (H.). Le Badaud. Fantaisie rimée et Illustrée. *Paris, Imprimerie Seringue frères*, 1880, in-4, cart., toile La Vall., tr. dor.

128. **CHANSON DE ROLAND** (La). Texte critique accompagné d'une traduction nouvelle et précédé d'une introduction historique par Léon Gautier. Avec eaux-fortes par Chifflart et V. Foulquier et un fac-simile. *Tours, Alfred Mame et fils*, 1872. — La Chanson de Roland, par Léon Gautier. Seconde partie contenant les notes et variantes, le glossaire et la table, avec une carte géographique et quinze gravures sur bois intercalées dans le texte. *Tours, Alfred Mame et fils*, 1872. Ens. 2 tomes en un vol. gr. in-8, mar. rouge, dent. int., tr. dor. (*Lortic*).

L'un des **21** exemplaires sur **papier de Chine** (n° 3).

129. **Chansonnier historique** du XVIIIᵉ siècle : recueil Clairambault-Maurepas, publié avec introduction, commentaires, notes et index, par Emile Raunié. *Paris, Quantin*, 1879-1884, 10 vol. pet. in-8, portraits à l'eau-forte, br., couv.

L'un des **50** exemplaires sur **papier de Chine**.

130. **Chansons nationales** et populaires de France, accompagnées de notes historiques et littéraires par Dumersan et Noel Ségur. *Paris, G. de Gonet, s. d.*, 2 vol. gr. in-8, fig., demi-rel., chag. vert, dos ornés, têtes dor., non rog.

131. **CHANTS et CHANSONS POPULAIRES** de la France. *Paris, Deiloye*, 1843, 3 vol. gr. in-8, fig. d'après Meissonnier, Grandville, Daubigny, etc., demi-rel., dos et coins de mar., rouge, dos ornés, non rog.

132. **Chansons populaires** des Provinces de France, notices par Champfleury, accompagnement de piano par J.-B. Wekerlin. Illustrations par MM. Bida, Bracquemond, Flameng, Français, Ed. Morin, Staal, etc., etc. Noëls. - Chansons de Mai. - Ballades. - Chansons de Métiers. - Rondes. - Chansons de Mariées. *Paris, Librairie Nouvelle, Bourdillat et Cie*, 1860, gr. in-8, demi-rel., dos et coins de mar. rouge, dos orné, tête dor., non rog., couv.

133. **Chants Nationaux** (Les) de tous les Pays. Adoption musicale par Samuel Rousseau. Aquarelles de Job. *Paris, H.-E. Martin, s. d.*, in-4, en feuilles dans le cartonn. de l'éditeur.

> Exemplaire sur **papier du Japon** (n° 3).

134. **Charavay** (E.). Le Général La Fayette, 1757-1834. Notice biographique par Etienne Charavay. *Paris, Au Siège de la Société*, 1898, gr. in-8, fig., br., couv.

> Exemplaire sur **papier vergé de Hollande**.

135. **Charcot** (J.-M.) et Paul **Richer**. Les Difformes et les malades dans l'Art, avec figures intercalées dans le texte. *Paris, Lecrosnier et Babé*, 1889, in-4, cart., dos de percal. verte, non rog., couv.

136. **Chateaubriand**. Atala par le Vte de Chateaubriand avec les dessins de Gustave Doré. *Paris, L. Hachette et Cie*, 1863, in-fol. dans le cartonn. de l'éditeur.

> Portrait ajouté.
> Exemplaire de premier tirage.

137. **Chazet** (A. de). Mémoires, Souvenirs, Œuvres et Portraits. *Paris, chez Postel, etc.*, 1837, 2 vol. in-8, portr. et fac-simile, br., couv.

138. **Chefs-d'œuvre d'art** (Les) à l'Exposition universelle de 1878, sous la direction de M. E. Bergerat. *Paris, L. Baschet*, 1878, 2 vol. in-fol., fig. dans le texte et photogravures hors texte tirées sur papier de Chine, demi-rel., dos et coins de chag. grenat, têtes dor., non rog.

139. **Chefs-d'œuvre** (Les) des Grands Maîtres. *Paris, Hachette et Cie*, 1903, 15 livraisons in-fol., br. dans le cartonn. des éditeurs.

140. **Chefs-d'Œuvre** d'Orfévrerie ayant figuré à l'Exposition de Budapest, décrits par MM. Pulszky, Eug. Radisies et Em. Molinier, et reproduits par l'eau-forte, la Chromolithographie

et Héliogravure. *Paris, Librairie Centrale des Beaux-Arts,*
s. d., 2 vol. in-fol., demi-rel., mar. vert, têtes dor., non rog.,
couv.

141. **Chénier** (André). Œuvres poétiques publiées avec une
introduction et des notes par Eugène Manuel. *Paris, Librai-*
rie des Bibliophiles, 1884, in-8, portr., br., couv.

> L'un des **170** exemplaires sur **papier de Hollande** (n° 160), avec un
> portrait de l'auteur, par Lalauze.

142. **Chéruel** (A.). Mémoires sur la Vie publique et privée de
Fouquet, surintendant des Finances d'après ses lettres et des
pièces inédites conservées à la Bibliothèque Impériale. *Pa-*
ris, Charpentier, 1862, 2 vol. in-12, demi-rel., dos et coins,
de mar. brun, têtes dor., non rog.

143. **Chesneau** (Ernest). Le Statuaire J.-B. Carpeaux, sa vie
et son œuvre. *Paris, Quantin,* 1880, in-8, pap. vél., titre r.
et n., fig., cart., dos et coins de percal., non rog.

> Ouvrage illustré de nombreuses gravures dans le texte, de planches
> hors texte reproduisant en eaux-fortes ou en héliogravures toutes les œu-
> vres capitales du maître, avec un portrait de l'artiste gravé par Mongin.

144. **Chesneau** (Ernest). Le Statuaire J.-B. Carpeaux, sa vie et
son œuvre. *Paris, Quantin,* 1880, gr. in-8, fig., br., couv.

> L'un des **50** exemplaires sur **papier de Hollande** (n° 17) avec les
> figures en **2 états**.

145. **Christian** (P.). Histoire des Pirates et Corsaires de l'Océan
et de la Méditerranée depuis leur origine jusqu'à nos jours,
vignettes par MM. Alexandre, Debelle, Ciappori, etc. *Paris,*
Cavaillés, 1846-1851, 4 vol. in-8, fig. noires et color., demi-
rel., bas. rouge, tr. jasp.

146. **Claretie** (Jules). Albert Glatigny. Sa bibliographie, précédée d'une notice littéraire, par Jules Claretie et ornée d'un
portrait gravé à l'eau-forte par M. Frédéric Régamey. *Paris,*
J. Baur, 1875, in-12, cart., dos et coins, chag. vert, tête dor.,
non rog., couv.

> L'un des **100** exemplaires sur **papier vergé**.

147. **Claretie** (Jules). Un Enlèvement au XVIII⁰ siècle. Documents tirés des Archives nationales. *Paris, E. Dentu*, 1882, in-12, fig., cart. dos de percal. bleue, tête dor., non rog., couv.

Exemplaire sur **papier de Chine** avec le frontispice en **2 états**.

148. **Claretie** (Jules). Peintres et Sculpteurs contemporains, portraits gravés par L. Massard. *Paris, Librairie des Bibliophiles*, 1882, 2 vol. in-8, br., couv.

149. **Cléder** (Ed.). Notice sur la Vie et les Ouvrages de P. de Corneille Blessebois. *Paris, Aug. Aubry*, 1862, in-12, cart., dos de percal., non rog., couv.

L'un des **180** exemplaires sur **papier vergé** (n⁰ 77).

150. **Clément** (F.) Histoire de la Musique depuis les temps anciens jusqu'à nos jours, ouvrage contenant 359 gravures, représentant les instruments de musique, 68 portraits d'artistes remarquables. *Paris, Hachette et Cie*, 1885, gr. in-8, br., couv.

151. **Clouard.** Bibliographie des Œuvres d'Alfred de Musset et des ouvrages, gravures et vignettes qui s'y rapportent, par Maurice Clouard. Lettre de Ch. de Lovenjoul et portrait d'Alfred de Musset gravé à l'eau-forte par M. Charbonnel d'après la statue de P. Granet. — **Parran.** Romantiques. Éditions originales. Honoré de Balzac, vignettes, documents inédits ou peu connus, avec une figure de Tony Johannot gravée par Perret. *Paris, P. Rouquette*, 1881-1883, ens. 1 vol. gr. in-8, cart. demi-percal. rouge, non rog., couv.

Exemplaire interfolié.

152. **COHEN** (H.) Description historique des Monnaies frappées sous l'empire romain communément appelées Médailles Impériales. Deuxième édition. *Paris, Rollin et Feuardent*, 1880-1892, 8 vol. gr. in-8, fig., br., couv.

153. **COHEN** (H.). Guide de l'Amateur de Livres à gravures du XVIII⁰ siècle. Cinquième édition, revue, corrigée et considérablement augmentée par le Baron R. Portalis. *Paris, P. Rouquette*, 1886, gr. in-8, br., couv.

On y joint : Crottet (E.). Supplément à la cinquième édition du Guide de l'Amateur de Livres à Figures du XVIII⁰ siècle. *Amsterdam, Crombrugghe*, 1890, gr. in-8, br., couv.

154. **Coleridge** (Sam.). La Chanson du Vieux Marin, trad. par
A. Barbier et illustrée par G. Doré. *Paris, Hachette et Cie,*
1877, in-fol., cart. de l'éditeur.

> Premier tirage des illustrations de Gustave Doré.

155. **Colin de Plancy** (J.). Dictionnaire Infernal, répertoire
universel. Sixième édition, augmentée de 550 gravures parmi
lesquelles 72 démons dessinés par M. L. Breton, d'après les
documents formels. *Paris, H. Plon,* 1863, gr. in-8, cart. toile
bleue, tr. jasp.

156. **Collé** (Charles). Journal et Mémoires de Charles Collé —
Correspondance inédite de Charles Collé, publiée par H. Bon-
homme. *Paris, Firmin Didot ; H. Plon,* 1864, ens. 4 vol. in-
8, br., couv.

157. **Collection du Bibliophile français.** *Paris, Bachelin-
Deflorenne,* 1863-1869, 12 vol. in-16, eaux-fortes par G. Staal,
demi-rel. dos et coins de cuir de Russie, têtes dor., non rog.

> Collection complète.
> Hégésippe Moreau. Œuvres inédites. — J. Claretie. Elisa Mercœur. —
> T. Bernard. La Lisette de Béranger. — A. Le Bailly. Madame de Lamar-
> tine. — J.-M. Peigné. Lamennais. — A. Le Bailly. Hégésippe Moreau. —
> J. Poisle-Desgranges. Rouget de Lisle. — A. Delvau. Gérard de Nerval. —
> A. Delvau. Henry Murger. — A. France. Alfred de Vigny. — G. Claudin.
> Méry. — G. d'Heilly. Madame E. de Girardin.

158. **Collection** du Bibliophile parisien. *Paris, Henri Daragon,* 1900-1901, 5 vol. in-12, front. et port., br. couv.

> Yve-Plessis. Petit Essai de Biblio-Thérapeutique. — Gausseron. Bouqui-
> niana. — Gab. Hanotaux. La Seine et les Quais. — Virgile Josz. Clavel
> d'Haurmonts. — Eugène Asse. Les Bourbons bibliophiles.

159. **Collection Mariani.** *Paris, 1894 et années suivantes,* 4
plaq. pet. in-fol., fig., br., couv.

> M. Montégut. Trois Filles et trois Garçons, dessins de Louis Morin. —
> M. Bouchor. Pervenche. Conte. Images de Léon Lebègue. — O. Uzanne.
> La Panacée du Capitaine Hauteroche. Imagée par Eugène Courbouin. —
> J. Claretie. Explication. Illustrée par A. Robida.

160. **Collection** nouvelle des Mémoires militaires. *Paris,
Flammarion, s. d.,* 2 vol. pet. in-8, port. et plans, cart. de
l'éditeur.

> G. Barral. L'Epopée de Waterloo. — J.-B. Antoine. Mémoires du géné-
> ral baron Roch-Godart.

161. **Conbrouse** (Guillaume). Catalogue raisonné des Monnaies nationales de France — Atlas du Catalogue des Monnaies nationales de France. *Paris, Imprimerie Fournier et Cie,* 1839-1840, ens. 4 vol. in-4, demi-rel. dos et coins de chag. vert foncé, têtes dor., ébarb.

162. **Conbrouse** (Guillaume). Décameron numismatique, note bibliographique sur l'ouvrage intitulé : Catalogue raisonné des monnaies nationales de France. *Paris, Impr. de H. Fournier,* 1839-1841, 2 parties en 1 vol. in-4, mar. bleu, dent. int., tr. dor. (*Duru*).

163. **Coppier** (A.-C.). Les Maîtres du Passé. Recueil de vingt-cinq estampes au burin et à l'eau-forte, accompagné d'un texte explicatif. *Paris,* 1899, in-fol., en feuilles, dans un carton.

164. **Correspondance** inédite du Prince de Talleyrand et du roi Louis XVIII — Le Ministère de Talleyrand sous le Directoire — La Mission de Talleyrand à Londres, 1792. Avec Introduction et Notes par G. Pallain. Portrait de Talleyrand d'après une miniature d'Isabey. *Paris, Plon, Nourrit,* 1884-1891, 3 vol. in-8, br., couv.

165. **Courier** (Paul-Louis). Œuvres publiées en trois volumes et précédées d'une préface, par Francisque Sarcey. *Paris, Librairie des Bibliophiles,* 1876, 3 vol. in-8, port., br., couv.

> L'un des **170** exemplaires sur **papier de Hollande** (n° 94), avec un portrait de l'auteur par Lalauze.

166. **Courrier Français** (Le), illustré par Willette, Chéret, Forain, etc. *Paris, années* 1890, 1891, 1894, 1895, 1896, 1897, 1898, 7 vol. in-fol., dont 3 sont en livraisons.

> On y a joint : Un lot de Numéros et de suppléments au « Courrier Français ».

167. **Cousin** (Charles). Racontars illustrés d'un vieux collectionneur, par l'auteur du « Voyage dans un Grenier » (Charles Cousin). — Bouquins, Tableaux, Dessins, Faïences, Autographes et Bibelots. *Paris, Librairie de l'Art,* 1887, in-4 jésus, sur pap. du Japon, avec les Autographes, Chromotypies, figures en taille-douce et Photogravures, demi-rel. dos et coins de mar. rouge, tête dor., non rog., couv.

168. **Cousin** (Victor). Etudes sur les Femmes illustres et la Société du XVIIe Siècle. *Paris, Perrin et Cie,* 1886-1894, 8 vol. in-12, br., couv.

169. **Crafty**. Paris au bois — Sur le turf. Texte et dessins par Crafty. *Paris, Plon et Nourrit,* 1890-1899, 2 vol. gr. in-8, br., couv.

170. **Créquy** (M^{ise} de). Souvenirs de la Marquise de Créquy, de 1710 à 1803. Nouvelle édition revue, corrigée et augmentée. *Paris, H.-L. Delloye,* 1840, 9 vol. in-12, port., demi-rel. bas. verte, tr. jasp.

171. **Curiosités historiques.** *Paris, G. Hurtrel,* 1882 *et années suivantes,* 5 vol. in-16, fig., br., couv., emboîtages.

> Alice Hurtrel. Les Amours de Catherine de Bourbon, Sœur du Roi et du Comte de Soissons (fig.). — Alice Hurtrel. Les Aventures Romanesques du Comte d'Artois (fig.). — La Grande Diablerie, Poème du XVe Siècle (fig.). — Madame Roland, sa détention à l'Abbaye et à Sainte-Pélagie (fig.). — Paul Déroulède. Le Premier Grenadier de France. La Tour d'Auvergne (fig.).

172. **DANGEAU**. Journal du Marquis de Dangeau, publié pour la première fois par MM. Eud. Soulié, Dussieux et Feuillet de Conches. *Paris, Firmin Didot frères et Cie,* 1854-1860, 19 vol. in-8, br.

173. **Dantès** (Al.). Dictionnaire biographique et bibliographique. *Paris, Aug. Boyer et Cie,* 1875, gr. in-8, demi-rel. chag. bleu, non rog.

174. **Daryl** (Ph.). Le Yacht, histoire de la navigation maritime de plaisance. *Paris, May et Motteroz, s. d.* (1890), in-4, nomb. fig. dans le texte et planches hors texte, cart. de l'éditeur, tr. dor.

175. **Dauban** (C.-A.). Paris en 1794 et en 1795. Histoire de la Rue, du Club, de la Femme, composé d'après des documents inédits. Ouvrage enrichi de gravures du temps et d'un fac-similé. *Paris, H. Plon,* 1869, in-8, cart. toile blanche, non rog.

176. **Daudet** (Ernest). Le Duc d'Aumale 1822-1897 avec deux portraits en héliogravure. *Paris, Plon-Nourrit,* 1898, in-8, br., couv.

> Exemplaire sur **papier de Hollande**.

177. **Daudet** (Ernest). La Terreur Blanche. Episodes et Souvenirs de la réaction dans le Midi en 1815 d'après les souvenirs contemporains et des documents inédits. *Paris, A. Quantin*, 1878, in-8 cart. dos de percal. verte, non rog.

On y joint : Coblentz, 1789-1793, d'après des documents inédits suivi de Lettres publiées pour la première fois. *Paris, Ernest Kolb, s. d.*, in-8, demi-rel. dos de chag. La Vall. clair, tête dor., non rog., couv.

178. **DAVID** (J.-L.-Jules). Le Peintre Louis David, 1748-1825. Souvenirs et Documents inédits par J.-L.-Jules David son petit fils. *Paris, V. Havard,* 1880, gr. in-4, portr., br., couv.

Exemplaire sur **papier vélin** auquel on joint une suite d'Eaux-fortes d'après ses œuvres gravées par J.-L.-Jules David son petit fils. *Paris, V. Havard,* 1880, 20 fascicules gr. in-4 en feuilles dans un carton.

179. **Dayot** (Armand). Les Courses de Taureaux. Illustrations de M. Luque. *Paris, L. Baschet, s. d.*, in-4, br., couv.

180. **Dayot** (Armand). Napoléon raconté par l'image d'après les sculpteurs, les graveurs et les peintres. *Paris, Hachette et Cie*, 1895, in-4, avec 500 reproductions diverses, 22 planches hors texte tirées en héliogravure, br., couv.

181. **Dayot** (Armand). Les Vernet. Joseph-Carle-Horace. *Paris, Magnier*, 1898, gr. in-4, fig., br., couv.

Exemplaire sur **papier de Chine**.

182. **Delaporte** (L.). Confessions d'une Anglaise de qualité, traduit de l'anglais. *A. Paris, chez Delaporte*, 1841, in-8, fig. chag. grenat., dos orné, ornem. dor. sur les plats, tr. dor.

183. **Derôme** (L.). Les Editions originales des Romantiques. *Paris, Ed. Rouveyre, s. d.*, 2 vol. in-8, br., couv.

L'un des **800** exemplaires sur **papier vergé de Hollande** (n° 211).

184. **Descaves** (L.). La Colonne. Récit du temps de la Commune. Illustrations de Hermann-Paul. *Paris, F. Juven, s. d.*, in-4, br. couv.

L'un des **15** exemplaires sur **papier du Japon** (n° 7).

185. **Desclozeaux**. Gabrielle d'Estrées, Marquise de Monceaux, Duchesse de Beaufort. *Paris, Champion*, 1889, gr. in-8, portr. demi-rel., mar. bleu, dos orné, tête dor., non rog.

Fac-similé d'autographe de Mme la Marquise G. d'Estrées.

186. **Desnoiresterres** (Gustave). Les Cours Galantes. *Paris,
Dentu*, 1862-1865, 4 vol. in-12, cart. dos de chag. bleu, non
rog., couv.

187. **Dezobry** (Ch.). Rome au Siècle d'Auguste ou voyage d'un
gaulois à Rome à l'Epoque du Règne d'Auguste, etc., etc.
Quatrième Edition revue et augmentée et ornée de divers plans
et de vues de Rome antique. *Paris, Ch. Delagrave*, 1875, 4
vol., in-8, demi-rel., dos et coins, de chag. vert., tête dor. non
rog.

188. **DIABLE à PARIS** (Le). Paris et Parisiens. Mœurs et coutumes, caractères et portraits des habitants de Paris, tableau
complet de leur vie privée, publique, politique, artistique,
etc... Texte par MM. de Balzac, George Sand, Charles Nodier,
Arsène Houssaye, Alfred de Musset, etc... Illustrations. Les
Gens de Paris, séries de gravures avec légendes par Gavarni. Paris Comique, vignettes par Bertall... *Paris, publié
par J. Hetzel*, 1845-1846, 2 vol. gr. in-8, demi-rel., dos et
coins de chag. rouge, têtes dor. non rog.

L'un des rares exemplaires avec les **figures coloriées**.

189. **Diderot**. Œuvres choisies publiées en six volumes et
précédées d'une introduction par Paul Albert. *Paris, Librairie des Bibliophiles*, 1877, 6 vol. in-8, portr. br., couv.

L'un des **170** exemplaires sur **papier de Hollande** (n° 404) avec le
portrait de l'auteur par Lalauze.

190. **Dieulafoy** (Marcel). L'Acropole de Suse d'après les fouilles exécutées en 1884, 1885, 1886, sous les auspices du Musée
du Louvre. Quatrième partie contenant 386 gravures insérées
dans le texte. *Paris, Hachette et Cie*, 1892, in-fol., br., couv.

191. **Dieulafoy** (Marcel). L'acropole de Suse d'après les fouilles
exécutées en 1884, 1885, 1886, sous les auspices du Musée du
Louvre. Ouvrage contenant 386 gravures insérées dans le texte
avec 4 planches en noir et 12 planches en couleurs. *Paris.
Hachette et Cie*, 1893, in-fol. demi-rel., mar. bleu, dos orné,
non rog. couv.

192. **Dinaux** (Arthur). Description des Fêtes populaires don-
nées à Valenciennes. *Lille, Vanackere*, 1854, gr. in-8, fig., demi-rel., chag. brun. tr. jasp. couv.

193. **Dinaux** (A.). Les Sociétés badines, bachiques, littéraires et chantantes, leur histoire et leurs travaux ; ouvrage posthume de M. Arthur Dinaux, avec portrait à l'eau-forte par Staal. *Paris, Bachelin-Deflorenne*, 1867, 2 vol. in-8, demi-rel. dos et coins de veau fauve, dos ornés, tr. dor. *(Cuzin)*.

194. **Dino** (D^sse de). Chronique de 1831 à 1862, publiée avec des annotations et un Index biographique par la Princesse de Radziwill avec un portrait en héliogravure. *Paris, Plon-Nourrit*, 1909, 2 vol. in-8, br., couv.

195. **Draner.** Types Militaires étrangers. *Paris, Librairie Illustrée, s. d.*, in-4, fig. cart. toile rouge de l'éditeur.

196. **Drujon** (F.). Catalogue des Ouvrages, Écrits et Dessins de toute nature. Poursuivis, supprimés ou condamnés, depuis le 21 octobre 1814 jusqu'au 31 juillet 1877. Édition entièrement nouvelle, considérablement augmentée, suivie de la table des noms d'Auteurs et d'Éditeurs, et accompagnée de notes bibliographiques et analytiques, par Fernand Drujon. *Paris, Rouveyre*, 1879, gr. in-8, br., couv.

197. **Drujon** (F.). Les Livres à Clef. Etude de Bibliographie critique et analytique pour servir à l'histoire littéraire. *Paris, Ed. Rouveyre*, 1888, 2 vol. gr. in-8, br., couv.

L'un des **30** exemplaires sur **papier Whatman** (n° 24).

198. **Du Cleuziou** (Henri). L'Art National, étude sur l'histoire de l'art en France — Les Origines — La Gaule — Les Romains — Les Francs — Les Bizantins — L'Art ogival. *Paris, A. Pilon, A. Le Vasseur, Succ^r*, 1882-83, 2 vol. gr. in-8, fig., cart. de l'éditeur, tr. dor.

Ouvrage illustré de 20 chromolithographies, 20 planches tirées à part, et 924 gravures intercalées dans le texte, exécutées d'après les dessins de l'Auteur.

199. **Duclos.** Chroniques indiscrètes sur la Régence avec une notice et des notes par M. G. Mouravit. *Paris, Le Moniteur du Bibliophile*, 1878, in-4, demi-rel. dos et coins de mar. rouge, tête dor., non rog.

Exemplaire sur papier vergé.

200. **Duchren** (Eug.). Le Marquis de Sade et son temps traduit de l'Allemand par le Dr A. Weber-Riga, avec une préface par O. Uzanne. *Paris, Michalon,* 1901, in-8, br., couv.

201. **Dumas** (Alexandre). Le Comte de Monte-Christo. *Paris, Echo des feuilletons,* 1846, 2 vol. in-8, fig., br., couv.

> Première édition, illustrée.
> Envoi autographe : Offert par les Editeurs à Mme Levavasseur aîné.
> Témoignage d'estime. DUFOUR. A. MULAT.

202. **Duplessis** (G.). Gavarni. Etude par Georges Duplessis, orné de quatorze dessins inédits. *Paris, Rapilly,* 1876, in-8, demi-rel., mar. vert, dos orné, tête dor., non rog.

203. **Dupont** (P.). Essais pratiques d'Imprimerie, précédés d'une notice historique. *Paris, P. Dupont,* 1849, in-fol., fig., demi-rel., dos et coins de chag. violet, tr. dor.

204. **Ephrussi** (Charles). **Paul Baudry**, sa vie et son œuvre. *Paris, L. Baschet,* 1887, in-4, portr., nombr. fig. dans le texte et planches hors texte, br., couv.

> L'un des **20** exemplaires sur **papier du Japon** (n° 5).

205. **ESTOILE** (Pierre de L'). Mémoires-journaux de Pierre de l'Estoile. Edition pour la première fois complète et entièrement conforme aux manuscrits originaux. Publiée avec de nombreux documents inédits et un commentaire historique, biographique et bibliographique par MM. G. Brunet. A. Champollion, E. Halphen, Paul Lacroix, etc., etc. *Paris, Librairie des Bibliophiles,* 1875-1883, 11 vol. — Notice sur P. de l'Estoile. — Table alphabétique. — Appendice. *Paris, A. Lemerre,* 1896, 1 vol. — Ens. 12 vol. in-8, pap. vergé, br., couv.

206. **Etrangers à Paris** (Les). Illustrations de MM. Gavarni, Th. Frère, Erny, etc. *Paris, Ch. Warée, s. d.,* gr. in-8, demi-rel. chag. rouge, dos orné, tr. jasp.

207. **Etudes littéraires.** *Paris, 1878 et années suivantes,* 6 vol. in-12, br., couv.

> Fernand Clerget. Barbey d'Aurevilly — A. Lods et Véda. André Gill et ses œuvres avec portrait et caricatures — Ferrières Gauthier. Gérard de

Nerval. L'Œuvre et la Vie, avec un portrait — Job-Lazare. Albert Glatigny, sa vie et son œuvre avec un portrait — F. Brunetière. Honoré de
Balzac — A. Le Breton Balzac l'Homme et l'Œuvre.

208. Etudes littéraires. *Paris, Mercure de France*, 1891-1908,
4 vol. in-12, br., couv.

Ed. Maynial. La Vie et l'Œuvre de Guy de Maupassant — L. Bocquet.
Albert Samain Sa Vie, son Œuvre avec un portrait et un autographe —
L'Esprit de J. Barbey d'Aurevilly — Ch. Puet. Barbey d'Aurevilly. Impres-
sions et Souvenirs.

209. Eudel (Paul). L'Hôtel Drouot (de 1881 à 1888). *Paris, Charpentier*, 1882-1891, 9 vol. in-12, br., couv.

Envois autographes de l'auteur.

210. Eudel (Paul). 60 planches d'Orfèvrerie de la Collection
Paul Eudel, pour faire suite aux éléments d'Orfèvrerie Composés par Pierre Germain. *Paris, Quantin*, 1884, in-8 en feuilles dans un carton.

L'un des **400** exemplaires tirés sur **papier vergé** (n° 122).

211. Eudel (Paul). Le Truquage. Les Contrefaçons dévoilées.
— Collections et Collectionneurs. *Paris*, 1884-1885, 2 vol. in-
12, demi-rel. mar. vert foncé, têtes dor., non rog., couv.
(*Bretault*).

212. Exposition de Paris 1889 (L'). publiée avec la collaboration d'écrivains spéciaux. Edition enrichie de vues, de scènes, de reproductions d'objets d'art, de machines, de dessins
et gravures par les meilleurs artistes. *Paris, Librairie illustrée*, 1889, 2 vol. in-fol. demi-rel. dos et coins de mar. vert,
têtes dor., non rog.

213. Fables Inédites des XIIe, XIIIe et XIVe Siècles et Fables
de La Fontaine précédées d'une notice sur les fabulistes par
A.-C.-M. Robert. Ornées d'un portrait de La Fontaine, de 90
gravures en taille douce et de 4 Fac-simile. *Paris, E. Cabin*,
1825, 2 vol. in-8, demi-rel., chag. vert, dos ornés, têtes dor.,
non rog.

214. Fabre (François). Némésis médicale illustrée. Recueil de
Satires, revues et corrigées avec soin par l'auteur, contenant
trente vignettes dessinées par M. Daumier et gravées par les

meilleurs artistes, avec un grand nombre de culs-de-lampe, etc. *Paris, au bureau de la Némésis médicale,* 1840, 2 vol. gr. in-8, demi-rel., dos et coins de mar., têtes dor., non rog. (*Levasseur aîné*).

215. **Fertiault** (F.). Les Amoureux du Livre. Sonnets d'un bibliophile, fantaisies, commandements du bibliophile, bibliophiliana, notes et anecdotes par F. Fertiault. Préface du bibliophile Jacob. Seize eaux-fortes Chevrier. *Paris, A. Claudin,* 1877, 2 tomes en 1 fort vol. in-8, papier vergé teinté, br., couv.

> Edition de bibliophile imprimée par Louis Perrin (de Lyon), et tirée à 120 exemplaires (n° 77).

216. **Fieffé** (Eug.) Napoléon Ier et la Garde Impériale. Dessins par Raffet. *Paris, Furne fils,* 1859, gr. in-8, demi-rel., dos et coins de mar. La Vall. foncé, tête dor., non rog. (*de Gruyter*).

> Figures noires et coloriées.

217. **Fifre** (Le). Illustrations par J.-L. Forain; du Samedi, 23 Février 1889, au Samedi 1er juin 1889. — **Le Pierrot.** Illustrations par Willette du 6 juillet 1888 au 20 Mars 1891. *Paris,* 1889-1891, in-fol. cart., dos de toile, non rog.

218. **Flat** (Paul). Les Premiers Vénitiens. Préface de M. Maurice Barrès. Illustrations par MM. Alinari. *Paris, Renouard,* 1899, in-4, demi-rel., dos et coins mar. bleu, dos orné, tête dor., non rog., couv.

219. **Fleury de Chaboulon.** Mémoires avec des annotations manuscrites de Napoléon Ier, publiés par Lucien Cornet. *Paris, E. Rouveyre,* 1901, 3 vol. in-8, br., couv.

220. **Fleury** (Général Comte). Souvenirs du Général Comte Fleury, avec trois portraits en héliogravure. *Paris, Plon-Nourrit,* 1897-1898, 2 vol. in-8, br., couv.

221. **Florian.** Fables de Florian illustrées par Victor Adam, précédées d'une Notice par Charles Nodier et d'un essai sur la Fable. *Paris, Delloye, s. d.,* gr. in-8, fig., cart. dos et coins de mar. tête de nègre, non rog.

222. **Foë** (Daniel de). Etranges aventures de Robinson Crusoé,
traduction de l'édition princeps (1719), avec une étude sur
l'auteur par Battier. Frontispice et sept planches dessinées et
gravées par Jules Fesquet, Legenisel, Paquien, Ramus. *Paris,
J. Bonnassies*, 1877, in-8, cart. chag. bleu, fil., dent. int., tr.
dor., couv.

> L'un des **15** exemplaires sur **papier de Chine** (n° 15), avec les gra-
> vures en **2 états**.

223. **Forain** (J.-L.). La Vie. *Paris, Juven, s. d.*, in-fol., fig. col.,
demi-rel. dos et coins de mar. rouge, tête dor., non rog.,
couv. (*Loisellier*).

224. **Forain.** La Vie. *Paris, Juven, s. d.*, in-fol. fig. col. br.,
couv. illust.

> L'un des **50** exemplaires sur **papier du Japon** (n° 23).

225. **FORAIN** et **CARAN D'ACHE**. Psst... ! Images par Forain et Caran d'Ache. *Paris. Librairie Plon*, 1898-1899, 2
tomes en 1 vol. in-fol., en feuilles, dans un carton.

> Collection complète des 85 numéros publiés.
> L'un des **75** exemplaires tirés sur **papier du Japon**.

226. **Forgeais** (Arthur). Numismatique des Corporations parisiennes, Métiers, etc., d'après les Plombs historiés trouvés
dans la Seine et recueillis par Arthur Forgeais. *Paris, chez
Aug. Aubry*, 1874, gr. in-8, cart. toile grenat, non rog.

227. **Fouché** (J.). Mémoires de Joseph Fouché, duc d'Otrante,
ministre de la Police générale. *A Paris, chez Le Rouge*, 1824,
2 vol. in-8, port., br., couv.

> Rare.

228. **Fraipont** (G.). L'Art de composer et de peindre l'Éven-
tail, l'Écran, le Paravent, par G. Fraipont. Ouvrage orné de
16 aquarelles et 112 dessins de l'Auteur. *Paris, H. Laurens*,
s. d., in-4, en feuilles, dans un emboitage, couv.

> L'un des **40** exemplaires sur **papier du Japon** (n° 2), avec les Aqua-
> relles en **2 états**.

229. **Français** (Les) sous Louis XIV et Louis XV, texte par MM.
R. de Beauvoir, E. de Labedollière, etc., etc., vignettes de

Tony Johannot, Th. Fragonard, Gavarni, etc. *Paris, Challamel, s. d.,* gr. in-8, demi-rel. chag. rouge, plats toile, tr. jasp.

230. **Froehner** (W.). Les Médaillons de l'Empire Romain, depuis le règne d'Auguste jusqu'à Priscus Attalié. Ouvrage orné de 1310 vignettes. *Paris, J. Rothschild,* 1878, in-4, br., couv.

231. **Funck-Brentano** (Frantz). L'Affaire du Collier — Le Drame des Poisons — La Mort de la Reine — Les Nouvellistes. *Paris, Hachette et Cie, 1899 et années suivantes,* 4 vol. in-12, fig., br., couv.

232. **Funck-Brentano** (Frantz). L'Affaire du Collier — Joliclerc, ses lettres — La Bastille des Comédiens. *Paris,* 1901-1905, 3 vol. in-12, fig., br., couv.

233. **Gaillardet** (F.). Mémoires sur la Chevalière d'Eon. *Paris, E. Dentu, s. d.,* in-8, br., couv.

234. **Gamble** (Georges). The Halls pictured by G. F. Scotson-Clark. *London, T. Fisher-Unwin, s. d.,* gr. in-8, cart. toile blanche, rog.

235. **Garnier** (Edouard). Dictionnaire de la Céramique. Faïences - Grès - Poteries. Vingt planches en couleurs hors-texte reproduisant cent cinquante motifs variés et cinq cent cinquante marques et monogrammes dans le texte, d'après les dessins de l'auteur. *Paris, Librairie de l'Art, s. d.,* gr. in-8, br., couv.

236. **Gautier** (Hippolyte). L'An 1789. Evénements, Mœurs, Idées, Œuvres et Caractères, avec 650 reproductions, par la photogravure sur cuivre, de vignettes, d'estampes et de tableaux de l'époque. *Paris, Delagrave, s. d.,* 1 fort vol. gr. in-4, pap. vélin teinté, titre r. et n., demi-rel. dos et coins de chag. rouge, tête dor., non rog., couv.

237. **Gavarni.** Œuvres choisies. Etudes de Mœurs contemporaines, avec des notices en tête de chaque série, par MM. Th. Gautier, A. Barthet et A. de Soubiran. *Paris, Hetzel,* 1847, gr. in-8, cart. de l'éditeur, tr. dor.

Carnaval à Paris — Paris le Matin — Les Etudiants à Paris.

238. Gavarni. Masques et Visages. *Paris, Paulin et Lechevalier*, 1857, in-12, demi-rel. dos et coins de mar. orange, tête dor., non rog., couv.

239. Gérard (Jules). La Chasse au Lion, ornée de gravures dessinées par Gustave Doré et d'un portrait de Jules Gérard. *Paris, Librairie Nouvelle*, 1855, gr. in-8, fig., cart. de l'éditeur, tr. dor.

Exemplaire de premier tirage.

240. Gérard (Baron). Lettres adressées au Baron François Gérard. Troisième édition, avec quatorze portraits à l'eau-forte. *Paris, Quantin*, 1888, 2 vol. in-8, br., couv.

241. Gerbault. Boum... Voilà ! Album inédit en couleurs. *Paris, Simonis Empis, s. d.*, in-fol., br., couv. illust.

L'un des **25** exemplaires sur **papier du Japon** (n° 8).

242. Germont (L.). Loges d'Artistes. Dessins de Félix Fournery. *Paris, E. Dentu*, 1889, in-4, br., couv.

Exemplaire sur **papier du Japon**.

243. Geymüller (Le Baron Henry de). Les **Du Cerceau**. Leur vie et leur œuvre, d'après de nouvelles recherches. Ouvrage accompagné de 137 gravures dans le texte et de 4 planches hors texte, pour la majeure partie inédites. *Paris, Librairie de l'Art, Jules Rouam*, 1887, in-4, cart. de l'éditeur, tête dor., tr. jasp.

244. Gheusi. Le Blason héraldique, avec 1300 gravures et un armorial. *Paris, Firmin Didot*, 1892, in-8, br., couv.

245. Giacomelli (H.). Raffet, son œuvre lithographique et ses eaux-fortes, suivi de la bibliographie complète des ouvrages illustrés de vignettes d'après ses dessins. Orné d'eaux-fortes inédites par Raffet et de son portrait par M. J. Bracquemont. *Paris, Gazette des Beaux-Arts*, 1862, gr. in-8, demi-rel. dos et coins de veau fauve, tête dor., non rog.

Exemplaire avec 15 vignettes de Raffet ajoutées.

246. GILL (André). La Lune. Octobre 1865 (n° 1) au n° 98, 17 janvier 1868 — L'Eclipse. Janvier 1868 à Septembre 1870 — L'Eclipse. Juin 1871 à Décembre 1873 — L'Eclipse. Janvier

1874 à Juin 1876. — La Lune Rousse. Décembre 1876 à Décembre 1879. *Paris, 1865-1879*, 5 vol. in-fol., cart. dos de percal. La Vall., non rog.

Illustrations d'André Gill.

247. **Gill** (André). La Parodie, du 4 Juin 1869 au 16 Janvier 1870. *Paris, 1869-1870*, in-4, cart., dos de percal.

248. **Gil-Blas** illustré hebdomadaire. *Paris, 1891-1903* inclusivement. 6 vol. in-fol., cart. dos de percal., non rog.

Illustrations de Louis Legrand, Steinlen, Guillaume, etc., etc.

249. **GŒTHE.** Le Faust de Gœthe, traduction revue et complète, précédée d'un essai sur Gœthe par M. Henri Blaze. Edition illustrée par Tony Johannot. *Paris, Michel Lévy*, 1847, gr. in-8, demi-rel. dos et coins mar. La Vall., dos orné, tête dor., non rog., couv. (*Ritter*).

Bel exemplaire avec **nombreuses figures ajoutées**.

250. **Gœthe.** Faust, préface et traductions de H. Blaze de Bury. Onze eaux-fortes de Lalauze, gravures de Méaulle d'après Wogel et Scott. *Paris, Quantin*, 1880, gr. in-8, pap. de Holl., br., couv.

251. **Gœthe.** Faust, tragédie. Suite de 18 lithographies par Delacroix. *A Paris, chez Danlos, s. d.*, in-fol. en feuilles, couv.

252. **Gœthe.** Werther, traduction nouvelle, précédée de considérations sur Werther, et en général sur la poésie de notre époque, par Pierre Leroux. Accompagnée d'une Préface par George Sand. Dix eaux-fortes par Tony Johannot. *Paris, Hetzel*, 1845, gr. in-8, demi-rel. dos et coins de mar. La Vallière, dos orné, tête dor., non rog., couv.

253. **Goldsmith.** Le Vicaire de Wakefield, trad. en français avec le texte anglais en regard, par Ch. Nodier. *Paris, Bourguelerel*, 1838, in-8, port. et fig., cart. de l'éditeur.

Edition ornée d'environ 100 vign. sur bois dans le texte et 10 gravures sur acier, par Tony Johannot.

254. **Goncourt** (Edm. et Jules de). L'Art du dix-huitième Siècle. Troisième édition, revue, augmentée et illustrée de planches hors textes. *Paris, Quantin*, 1880-1882, 2 vol. in-4, demi-rel. mar. bleu, dos ornés, têtes dor., non rog.

255. **GONCOURT** (Edmond et Jules de). Gavarni, l'homme et l'œuvre. Ouvrage enrichi du portrait de Gavarni, gravé à l'eau-forte par Flameng, d'après le dessin de l'artiste, et d'un fac-simile d'autographe. *Paris, H. Plon*, 1873, in-8, demi-rel. dos et coins de veau vert, tête dor., non rog., couv.

Exemplaire sur **papier de Hollande**.

256. Goncourt (Edmond et Jules de). Histoire de la Société française pendant la Révolution. *Paris, Quantin*, 1889, gr. in-4, pap. vél., titre r. et n., fig., demi-rel. dos et coins de mar. bleu, dos orné, tête dor., non rog., couv.

257. Goncourt (Edmond et Jules de). Madame de Pompadour, nouv. édit., revue et augmentée de lettres et documents inédits, illustrée de 55 reproductions sur cuivre, par Dujardin, et de 2 planches en couleur, par Quinsac, d'après les originaux de l'époque. *Paris, Firmin Didot et Cie*, 1888, in-4, demi-rel. dos et coins de mar. r., dos orné, fil., tête dor., non rog.

258. Gonneville (de). Souvenirs militaires du Colonel de Gonneville, publiés par la Comtesse de Mirabeau sa fille et précédés d'une étude par le Général Baron Ambert. *Paris, Didier et Cie*, 1875, in-8, cart. dos et coins percal. verte, non rog., couv.

259. **GONSE** (Louis). **L'Art Gothique.** L'Architecture, la Peinture, la Sculpture, le Décor. *Paris, Librairies-Imprimeries réunies, May et Motteroz, s. d.*, gr. in-4, cart. artistique de l'éditeur, tête dor., non rog.

Ouvrage orné de 282 illustrations dans le texte, exécutées d'après les dessins de Boudier, 28 planches hors texte dont 4 eaux-fortes, 6 aquarelles typographiques, 2 chromolithographies, 12 héliogravures et 4 photogravures typographiques.

260. **GONSE** (Louis). **L'Art Japonais.** *Paris, Quantin*, 1883, 2 vol. gr. in-4, pap. vél., nomb. fig. dans le texte et planches hors texte en noir et color., cart. satin, fers spéciaux, non rog. (*Cart. de l'éditeur*).

261. Gonse (Louis). **Eugène Fromentin,** peintre et écrivain. Ouvrage augmenté d'un Voyage en Égypte et d'autres Notes et Morceaux inédits de Fromentin, et illustré de gravures hors texte et dans le texte. *Paris, Quantin*, 1881, gr. in-8, br., couv.

L'un des **100** exemplaires sur **papier de Hollande** (n° 65).

262. **Gourdon** (Ed.). Le Bois de Boulogne. Illustrations d'Edmond Morin. *Paris, A. Bourdilliat et Cie,* 1861, gr. in-8,
demi-rel. chag. bleu, plats toile, tr. dor.

263. **Grand-Carteret.** XIXᵉ Siècle (en France). Classes — Mœurs
— Usages — Costumes — Inventions. *Paris, Firmin Didot
et Cie,* 1893, in-4, br., couv.

> Ouvrage illustré d'un frontispice chromotypographique, de 16 planches
> coloriées aux patrons, de 36 en-têtes et lettres ornées et de 487 gravures
> (dont 24 tirées hors texte), d'après les principaux artistes du siècle et à
> l'aide des procédés modernes.

264. **Grand-Carteret.** Les Mœurs et la Caricature en France.
Paris, Librairie illustrée, 1888, in-4, br., couv. illust.

> Ouvrage illustré de 8 planches en couleur, 36 planches hors texte, 500
> illustrations dans le texte. (Reproductions d'œuvres anciennes et œuvres
> des artistes contemporains).

265. **Grand-Carteret.** La Femme en Allemagne, avec 144 illustrations, dont 2 eaux-fortes et 3 planches en couleurs. *Paris,
Westhausser,* 1887, gr. in-8, br., couv.

266. **Grand-Carteret.** Les mœurs et la caricature en Allemagne, en Autriche, en Suisse. Ouvrage illustré de 3 planches
en couleurs, de 20 planches hors texte et de 314 vignettes.
Paris, Westhausser, 1885, in-4, br., emboitage.

Exemplaire sur **papier du Japon.**

267. **Grand-Carteret.** Les Mœurs et la Caricature en Allemagne, en Autriche, en Suisse, avec préface de Champfleury.
Paris, Westhausser, 1885, in-4, br., couv.

> Ouvrage illustré de 3 planches en couleurs, de 20 planches hors texte, de
> 314 vignettes, de portraits et de titres de journaux.

268. **Grand-Carteret.** Raphaël et Gambrinus, ou l'Art dans la
Brasserie. Frontispice par Marcellin Desboutin. Illustrations
de Jeanniot, Félix Régamey, J. Adeline, etc. *Paris, Westhausser,* 1886, pet. in-8, percal. La Vall., non rog., couv.
illust.

269. **Grand-Carteret.** Vieux papiers, Vieilles images. Cartons
d'un Collectionneur. 461 gravures documentaires dans le
texte et 6 planches hors texte dont 2 coloriées. *Paris, Le
Vasseur,* 1896, gr. in-8, br., couv. illust.

270. **GRANDIDIER** (Ernest). La Céramique chinoise. *Paris,
Firmin-Didot et Cie*, 1894, in-4, demi-rel. chag.,dos et coins
de chag. vert, tête dor., non rog.

271. **Grandville**. Un autre monde. *Paris, H. Fournier*, 1844,
in-4, fig. noires et color., cart. de l'éditeur, non rog.

272. **Grandville**. Cent proverbes, par Grandville et par trois
têtes sous un bonnet. *Paris, H. Fournier*, 1845, gr. in-8, fig.,
demi-rel. dos et coins de mar. rouge, non rog.

> Frontispice et 50 grands sujets tirés à part et gravés sur bois. Fleurons, lettres ornées et culs-de-lampe dans le texte.
> Premier tirage, avec la couverture illustrée et une couverture de livraison.

273. **Grandville**. Les Etoiles, dernière féerie par J.-J. Grandville, texte par Méry. Astronomie des Dames, par le Cte Fœlix. *Paris, G. de Gonet, s. d.*, gr. in-8, demi-rel. chag. bleu,
tr. jasp.

274. **Grandville**. Les Fleurs animées, introduction par Alph.
Karr, texte par Taxile Delord. *Paris, Gabriel de Gonet*, 1847,
2 vol. gr. in-8, fig. color., cart. de l'éditeur, tr. dor.

275. **Grandville**. Les Fleurs animées, introduction par Alph.
Karr, texte par Taxile Delord. *Paris, G. de Gonet, s. d.*,
gr. in-8, fig., demi-rel. dos et coins de chag. grenat, dos
orné, tête dor., non rog., couv.

276. **Grandville**. Les Métamorphoses du jour ; accompagnées
d'un texte par MM. Albéric Second, Louis Lurine, Clément
Caraguel, Taxile Delord, H. de Beaulieu, Louis Huart, Charles Monselet, Julien Lemer ; précédées d'une notice sur
Grandville par M. Charles Blanc. *Paris, Gustave Havard*,
1854, gr. in-8, fig., demi-rel., dos et coins de mar. rouge, dos
orné, tête dor., non rog.

277. **Grandville**. Petites Misères de la Vie Humaine. *Paris,
Fournier*, 1846, in-8, fig., demi-rel. dos et coins chag. grenat,
tête dor., tr. jasp.

278. **GRUYER** (F.-A.). **La Peinture au Château de Chantilly.**
Ecole Française. Ouvrage illustré de 40 héliogravures par
Braun, Clément et Cie. *Paris, Plon, Nourrit et Cie*, 1898, in-4,
br., couv.

> L'un des **50** exemplaires sur **papier vélin de cuve** (n° 43).

279. **Gruyer** (F.-A.). La Peinture, au Château de Chantilly (Ecoles Etrangères). Ouvrage illustré de Quarante Héliogravures, par Braun, Clément et Cie. *Paris, Plon, Nourrit et Cie,* 1896, in-4, pap. vél., titre r. et n., br., couv.

280. **Gruyer** (F.-A.). Chantilly. Les Portraits de Carmontelle par F.-A. Gruyer. *Paris, Plon-Nourrit,* 1902, in-4 fig., br., couv.

L'un des **275** exemplaires sur **papier vélin du Marais** (n° 72).

281. **GRUYER** (F.-A.). Chantilly. Les **Quarante Fouquet.** Ouvrage illustré de Quarante héliogravures, par Braun, Clément et Cie. *Paris, E. Plon, Nourrit et Cie,* 1897, in-4, titre r. et n., br., couv.

Tirage **unique** à **150** exemplaires sur **papier de cuve** (n° 102).

282. **Gruyer** (F.-A.). Raphael et l'antiquité. *Paris, Vve Jules Renouard,* 1864, 2 vol. in-8, demi-rel. mar. vert foncé, tête marb., non rog.

283. **Guiffrey** (Georges). Procès criminel de Jehan de Poitiers. Seigneur de Saint-Vallier. *Paris, Lemerre,* 1867, in-8, demi-rel., mar. La Vall., tête dor., non rog.

284. **GUIGARD** (J.). Nouvel armorial du Bibliophile. Guide de l'amateur des livres armoriés. *Paris, E. Rondeau,* 1890, 2 vol. gr. in-8, fig., br., couv.

285. **Guillaume** (A.). Faut voir — Madame est servie — R'vue d'Fin d'année — Albums en couleurs. *Paris, Simonis Empis,* s. d., 3 vol. in-fol., br., couv. illust.

Exemplaires sur **papier du Japon.**

286. **Guillaume** (A.). Mes Campagnes — Mes 28 jours — Mon Sursis. Albums militaires en couleurs. *Paris, Simonis Empis,* s. d., 3 vol. in-fol., br., couv. illust.

Exemplaires sur **papier du Japon.**

287. **Guillaume** (A.). P'tites Femmes — Mémoires d'une Glace. Albums inédits. *Paris, Simonis Empis,* s. d., 2 vol. in-fol., br. couv. illust.

Exemplaires sur **papier de Chine.**

288. **Guillaume** (A). Y a des dames — Pour vos beaux yeux —
Etoiles de Mer. Albums en couleurs. *Paris, Simonis Empis,
s. d.,* 3 vol. in-fol., br., couv. ill.

Exemplaires sur **papier du Japon**.

289. **Guilmard** (D.). Les Maîtres Ornemanistes, dessinateurs,
peintres, architectes, sculpteurs et graveurs. Ecoles française,
italienne, allemande et des Pays-Bas (flamande et hollan-
daise). *Paris, Plon et Cie,* 1880, 2 vol. in-4, cart. dos de percal. bleue, non rog., couv., et en livraisons.

Ouvrage enrichi de 180 planches tirées à part et de nombreuses gravures dans le texte, donnant environ 250 spécimens des principaux maîtres, et précédée d'une introduction par le baron Davillier.
Exemplaire en **grand papier** (n° 11).

290. **Guinot** (Eugène). Les Bords du Rhin. *Paris, Furne et Cie
et Ernest Bourdin, s. d.,* gr. in-8, fig., demi-rel., dos et coins
chag. vert, plats toile, tr. dor.

291. **Guinot** (Eugène). L'Eté à Bade, illustré par Tony Johannot,
Eug. Lami, Français et Daubigny, quatrième édition, précédée d'une notice sur l'auteur par Jules Janin et de l'inaugura-
tion de l'embranchement de Strasbourg-Kehl par A. Achard.
Paris, E. Bourdin, rue Jacob, s. d., gr. in-8, demi-rel., dos
et coins de mar. bleu, dos orné, tête dor., non rog., couv.

292. **Gyp.** Bob au salon de 1889 — Bob à l'Exposition. Dessins
de Bob. *Paris, Calmann-Lévy,* 1889, 2 parties en 1 vol. in-8,
demi-rel., dos et coins chag. brun, tête dor., non rog.

Envois autographes de l'auteur au Comte de Sainte-Marie.

293. **Halévy** (Ludovic). L'invasion (1870-1871), par Ludovic
Halévy. Dessins par L. Marchetti et Alfred Paris. *Paris, Boussod, Valadon et Cie, s. d.,* gr. in-4, nombr. fig. dans le texte
et planches hors texte en noir et en couleurs, en livraisons
dans l'emboîtage de l'éditeur.

294. **Hamilton** (Antoine). Mémoires du Chevalier de Grammont
publiés avec une introduction et des Notes par M. de Lescure.
Paris, Librairie des Bibliophiles, 1876, in-8, portr., br.,
couv.

L'un des **170** exemplaires sur **papier de Hollande** (n° 64), avec un
portrait de l'auteur par Lalauze.

295. **Hamilton** (Antoine). Mémoires du Comte de Grammont.
Histoire amoureuse de la Cour d'Angleterre sous Charles II.
Préface et Notes de Benjamin Pifteau. Frontispice, six eaux-
fortes par Chauvet, Lettres, fleurons et culs-de-Lampe par
Léon Lemaire. *Paris, J. Bonnassies*, 1876, pet. in-8, demi-rel.
dos et coins veau fauve, tête r. non rog. couv.

296. **Harrisse** (H.). L.-L. **Boilly** peintre, dessinateur et lithogra-
phe, sa vie et son œuvre, 1761-1845. Etude suivie d'une description de treize cent soixante tableaux, portraits, dessins
et lithographies de cet artiste. *Paris, Propagation des Livres
d'Art*, 1898, in-4, fig. et portr., br., couv.

297. **Hatin** (Eug.). Bibliographie historique et critique de la
Presse périodique française précédé d'un Essai historique
et statistique sur la naissance et les progrès de la Presse périodique dans les deux Mondes. *Paris, Firmin-Didot*, 1866,
gr. in-8, demi-rel. mar. bleu, tête dor., non rog., couv.

298. **HAVARD** (Henry). **Dictionnaire de l'Ameublement** et
de la Décoration, depuis le XIIIe Siècle jusqu'à nos jours. Ouvrage illustré de 256 planches hors texte et de plus de 2.500
gravures dans le texte. *Paris, Quantin, s. d.*, 4 vol. in-4 à 2
col., br., couv.

299. **Havard** (Henry). Histoire de l'Orfèvrerie Française. *Paris,
Librairies-Imprimeries réunies, May et Motteroz*, 1896, in-4,
pap. vél. glacé, titre r. et n., fig., br., couv. illust.

> Ouvrage orné de 40 planches hors texte, dont 10 en couleur, or et ar-
> gent, et de près de 400 vignettes dans le texte.

300. **Havard** (Henry) et Marius **Vachon**. Les Manufactures
Nationales. Les Gobelins, la Savonnerie, Sèvres, Beauvais.
Paris, G. Decaux, 1889, in-4, fig., br. couv.

> Exemplaire sur **papier de Chine**.

301. **HERCULANUM ET POMPÉI**, recueil général des peintures, bronzes mosaïques, etc., découverts jusqu'à ce jour,
et reproduits d'après le Antichita di Ercolano, il Museo Bor-
bonico, et tous les ouvrages analogues, augmenté de sujets
inédits, gravés au trait sur cuivre, par H. Roux aîné, et accompagné d'un texte explicatif par L. Barré. *Paris, Firmin
Didot*, 1861-62, 8 vol. gr. in-8, cart. de l'éditeur, non rog.

302. **Hermann** (Paul). Le Président en Russie. Croquis humo-
ristiques du Voyage à St-Pétersbourg. *Paris, s. d.*, in-4, br.,
couv. ill.

Exemplaire sur **papier de Chine** (n° 57).

303. **Heyman** (Maurice). Symphonies d'expressions, vingt-six
Etudes dessinées d'après nature. Introduction par Robert
Vallier. *Paris, E. Plon, Nourrit et Cie*, 1895, in-fol. en feuil-
les dans un carton.

304. **Hézecques** (Cte d'). Souvenirs d'un page de la Cour de
Louis XVI, par Félix, Comte de France d'Hézecques. *Paris,
Didier et Cie*, 1873, in-12, mar. chag. rouge, dos orné, filets
sur les plats, dent. int., tr. dor.

305. **Hoffmann**. Contes fantastiques. Traduction nouvelle, précédés de Souvenirs intimes sur la vie de l'auteur, par P.
Christian. Illustrés par Gavarni. *Paris, Lavigne*, 1843, in-8,
cart. de l'éditeur, tr. dor.

306. **Holbein** (Hans). L'Alphabet de la Mort. Entouré de bor-
dures du XVIe siècle et suivi d'anciens poëmes français sur
le sujet des trois mors et des trois vis, publiés d'après les
manuscrits par Anatole Montaiglon. *Paris, Imprimé pour
Edwin Tross*, 1856, pet. in-8, cart. de l'éditeur, non rog.

307. **Hommage des Artistes à Picquart**. Album de 12 lithographies, préface d'O. Mirbeau. Liste des Protestataires. *Paris, P. Brenet et F. Thureau*, 1899, in-fol., cart., dos et coins
percal. verte, non rog., couv.

L'un des **30** exemplaires sur **papier du Japon** (n° 39).

308. **Hommes** (Les) d'aujourd'hui. Dessins de André Gill : Livraisons n°s 1 à 416. *Paris, s. d.*, 4 vol. in-4, demi-chag. noir,
tr. jasp.

309. **Houssaye** (H.). 1814-1815, les Cent-Jours — 1815 Waterloo — 1815, la seconde abdication, la Terreur blanche. *Paris, Perrin et Cie*, 1888-1905, 4 vol. in-8, portr., br., couv.

Editions originales.

310. **Huart** (L.). Museum Parisien. Histoire physiologique,
pittoresque, philosophique et grotesque de toutes les bêtes

curieuses de Paris et de la banlieue pour faire suite à toutes
les éditions des œuvres de M. De Buffon, texte par Louis
Huart, 35o vignettes par MM. Grandville, Gavarni, Daumier,
Traviés, Lécurieur et Henri Monnier. *Paris, Beauger et Cie,*
1841, gr. in-8, cart., dos et coins de mar. orange, non rog.

311. **Hubner** (C^le de). Neuf ans de Souvenirs d'un ambassadeur
d'Autriche à Paris, sous le second Empire, 1851-1859. Avec
un portrait en héliogravure. *Paris, Plon, Nourrit,* 1904-
1905, 2 vol. in-8, br., couv.

312. **HUGO** (Victor). **Eviradnus.** Vingt-six Compositions de
P. M. Ruty, dont vingt sur bois, et six hors texte, gravées au
burin par P. Gusman. *Paris, L.-Henry May, s. d.,* gr. in-8,
br., couv.

> L'un des **20** exemplaires sur **papier de Chine** (n° 11) avec une triple
> suite des eaux-fortes, dont une sur papier du Japon avec remarque et une
> suite des bois sur papier pelure.
> **Aquarelle originale de Ruty.**

313. **Hugo** (Victor). Notre-Dame de Paris. *Paris, Eugène Ren-
duel,* 1836, 3 vol. in-8, fig., (11 sur 12), dess. par L. Boulanger, A. et T. Johannot, Raffet, Rogier et Rouargue, cart.,
dos de mar. rouge à grain long, tr. dor.

314. **HUGO** (Victor). **Notre-Dame de Paris.** Edition illustrée
d'après les dessins de MM. E. de Beaumont, L. Boulanger,
Daubigny, T. Johannot, de Lemud, Meissonnier, C. Roque-
plan, de Rudder, Steinheil, gravés par les artistes les plus
distingués. *Paris, Perrotin, Garnier frères,* 1844, gr. in-8,
demi-rel., dos et coins de mar. grenat, dos orné, tête dor.,
tr. ébarbées (*Bretault*).

> Exemplaire de premier tirage avec le filet anglais.

315. **Ideville** (C^le H. d'). Le Maréchal Bugeaud, d'après sa correspondance intime et ses documents inédits, 1784-1849. *Paris, Firmin Didot et Cie,* 1881-1882, 3 vol. in-8, portr. et
carte demi-rel., chag. vert, tr. jasp.

> Fac-similé d'une lettre autographe du Maréchal Bugeaud.

316. **Image** (L'). Revue littéraire et artistique, ornée de figures
sur bois (Décembre 1896 à Novembre 1897). *Paris, Floury,*

1896-1897, in-4, pap. vél., demi-rel., dos et coins de chag. rouge, tête dor., non rog., couv.

Cette Revue fondée par la corporation française des graveurs sur bois a été publiée sous la direction littéraire de Roger Marx et Jules Rais et sous la direction artistique de Tony Beltrand, Auguste Lepère et Léon Ruffe.

317. **Index** librorum prohibitorum sanctissimi domini nostri Gregorii XVI. *Paris, Ed. Rouveyre*, 1877, in-12, br., couv.

318. **INTERMÉDIAIRE DES CHERCHEURS & CURIEUX** (L'). *Paris*, 1864-1907, 43 années en 56 vol. in-8, demi-rel., dos et coins de chag. vert, têtes dor., non rog., couv. (Les 17 premiers volumes sans couv.).

On y joint : les livraisons (du 10 janvier 1908 au 30 mars 1910). *Paris*, 1908-1910 ; 76 livraisons in-8, br., couv.

319. **Janin** (Jules). L'Ane Mort, édition illustrée par Tony Johannot. *Paris, E. Bourdin*, 1842, gr. in-8, demi-rel., dos et coins de mar. rouge, dos orné, tête dor.

320. **Janin** (Jules). La Bretagne illustrée, par MM. Bellangé, Raffet, D'Aubigny, etc., etc. Deuxième édition revue et corrigée par l'auteur. *Paris, E. Bourdin*, 1862, gr. in-8, demi-rel. chag. La Vall., dos orné, tête dor., non rog.

321. **Janin** (Jules). L'Eté. *Paris, Paul L. Curmer, s. d.*, gr. in-8, fig., mar. rouge, dos et plats ornés, tr. dor. *(Rel. de l'époque)*.

322. **Janin** (Jules). Le Gâteau des Rois, symphonie fantastique. *Paris, Amyot*, 1847, in-12, br., couv.

Edition originale, avec la couverture.

323. **Janin** (Jules). Un Hiver à Paris. *Paris, Curmer et Aubert*, 1843, gr. in-8, fig., chag. bleu foncé, dos orné, ornem. sur les plats, tr. dor. *(Rel. de l'époque)*.

324. **Janin** (Jules). Le Livre. *Paris, H. Plon*, 1870, in-8, cart., dos de percal. rouge, non rog., couv.

325. **Janin** (Jules). Le Marquis de Sade, précédé de la bibliographie des œuvres. *Paris*, 1834, in-16, portr., br., couv.

326. **Janin** (Jules). La Normandie, illustrée par MM. Tellier, Bellangé, Debon, etc., etc. *Paris, E. Bourdin, s. d.*, gr. in-8, demi-rel. chag. vert, non rog.

327. **Janin** (Jules). Voyage en Italie. *Paris, E. Bourdin et Cie*, 1839, gr. in-8, fig., chag. La Vall., dos orné, ornem. dor. sur les plats, tr. dor.

328. **JAPON ARTISTIQUE.** Documents d'art et d'industrie réunis, avec la collaboration de MM. Ph. Burty, V. Champier, Th. Duret, Ed. de Goncourt, L. Gonse, E. Guillaume, de l'Institut, etc. *Paris, Japon artistique. — Marpon et Flammarion*, 1888-1891. (N° 1. Mai 1888. — N° 36. Avril 1891). Ensemble 36 numéros, en 6 volumes in-4, avec de nombreuses fig. dans le texte et planches hors texte en noir et en couleurs, cart. dos et coins de percal., plats papier japonais illust., têtes dor., non rog., avec les couvertures de toutes les livraisons illustrées en couleurs, cart. de l'éditeur.

329. **Jardin des Plantes** (Le). Description complète, historique et pittoresque du Muséum d'Histoire naturelle, de la Ménagerie, des Serres, des Galeries de Minéralogie et d'Anatomie, par MM. P. Bernard, L. Couailhac, Gervais, etc. *Paris, Curmer*, 1842-1843, 2 vol. gr. in-8, port. et fig., demi-rel. dos et coins de mar. rouge, têtes dor., non rog.

330. **Jehan de Saintré.** Histoire et Chronique du Petit Jehan de Saintré et de la Jeune Dame des Belles Cousines, sans aultre nom nommer. *Paris, Firmin-Didot Frères*, 1830, in-8, demi-rel. chag. grenat, dos orné, tr. dor., non rog.

331. **Job** et **G. Montorgueil**. Louis XI. *Paris, Combet et Cie*, 1905, gr. in-4, fig., en feuilles dans un carton.

332. **Jossot.** Mince de Trognes !!! Préface de H. Bauer. 50 dessins inédits. *Paris, Hazard, s. d.*, in-fol., cart. dos de perc. verte, non rog., couv.

333. **Jourdain** (F.). L'Histoire de l'Habitation humaine (Exposition universelle de 1889), texte explicatif et descriptif. *Paris, Librairie Centrale des Beaux-Arts, s. d.*, in-fol., fig., en feuilles dans un carton.

334. **Journal des Coiffeurs** (Le), créé par Mariton, contenant de nombreuses gravures en couleurs. *Paris*, 1842-1848 ; 178 numéros en 2 vol. gr. in-8, cart., demi-rel. bas. verte, non rog.

Figures noires et coloriées.

335. **Jousse** (Mathurin). La Fidelle ouverture de l'art du serrurier, accompagnée d'une Notice historique par H. Destailleurs. *Paris, A. Lévy*, 1874, in-fol., 27 planches, br., couv.

336. **La Bédollière** (Emile de). Les Industries, Métiers et Professions en France, avec cent dessins par Henry Monnier. *Paris, Mme Vve Louis Janet,* 1842, in-8, demi-chag. brun, tr. jasp.

337. **LA BORDE** (De). **Choix de Chansons**, mises en musique par M. de La Borde, gouverneur du Louvre, ornées d'estampes en taille-douce. *Rouen, J. Lemonnyer,* 1881, 4 vol. gr. in-8, br., couv., emboitages.

Réimpression fac-similé sur l'édition de Paris, de Lormel, 1773, ornée du portrait de M. de La Borde, dit *à la Lyre*, et du rarissime portrait en pied de Mme de l a Borde, par Denon, texte et musique entièrement gravés en taille-douce.
L'un des exemplaires sur **papier du Japon** (n° 43).

338. **La Borde** (Comte A. de). Versailles ancien et moderne. *Paris, Imp. Schneider et Langrand,* 1841, gr. in-8, fig., demi-rel. dos et coins de mar. rouge, dos orné, tête dor., non rog., couv., étui (*Bretault*).

339. **La Bruyère.** Les Caractères ou les Mœurs de ce siècle, suivis du Discours à l'Académie et de la traduction de Théophraste. *Paris, Belin-Leprieur,* 1845, gr. in-8, fig., demi-rel. chag. bleu, tr. dor.

340. **La Bruyère.** Les Caractères, avec une préface par Louis Lacour. *Paris, Librairie des Bibliophiles,* 1881, 2 vol. in-8, port., br., couv.

L'un des **170** exemplaires sur **papier de Hollande** (n° 84), avec un portrait de l'auteur par Lalauze.

341. **La Bruyère.** Œuvres de La Bruyère. Nouvelle édition revue sur les plus anciennes impressions et les autographes et augmentée de morceaux inédits, de variantes, de notices, de

notes, d'un lexique des mots, etc., par M. G. Servois. *Paris,
Librairie de L. Hachette et Cie,* 1865-1878, 3 tomes en 4 vol.
gr. in-8 et 1 album, br., couv.

342. **Lacombe** (Paul). Bibliographie des Travaux de M. Léopold Delisle. *Paris, Imprimerie Nationale,* 1902, in-4, fig.,
br., couv.

Exemplaire sur **papier vélin.**

343. **Lacroix** (Paul). Bibliographie et Iconographie de tous les
ouvrages de Restif de la Bretonne, par P.-L. Jacob, Bibliophile. *Paris, A. Fontaine,* 1875, in-8, pap. de Holl., port., br.,
couv.

344. **Lacroix** (Paul). Bibliographie Moliéresque. Iconographie
Moliéresque. *Paris, Aug. Fontaine,* 1875-1876, 2 vol. in-8,
pap. de Holl., port., br., couv.

345. **Lacroix** (Paul). Mélanges bibliographiques. *Paris, Librairie des Bibliophiles,* 1871, in-12, br., couv.

L'un des 300 exemplaires sur **papier vergé** (n° 224).

346. **LACROIX** (Paul) (Bibliophile Jacob). La vie religieuse et
militaire au moyen-âge et à l'époque de la Renaissance. —
Mœurs, Usages et Costumes du moyen-âge et à l'époque de
la Renaissance. — Sciences et lettres au moyen-âge et à l'époque de la Renaissance. — Les Arts au moyen-âge et à l'époque de la Renaissance. — XVII° siècle, Institutions, Usages
et Costumes. — XVII° siècle. Lettres, Sciences et Arts. — XVIII°
siècle. Institutions, Usages et Costumes. — XVIII° siècle. Lettres, Sciences et Arts. — Directoire, Consulat et Empire. *Paris, Firmin Didot,* 1873-1885, 9 vol. gr. in-8, demi-rel. dos et
coins de mar. La Vall., têtes dor., non rog., couv.

Le volume du Directoire est en demi-rel. dos et coins de chag. rouge,
dos orné, tête dor., non rog.

347. **La Fizelière** (A. de). Georges **Decaux.** Charles Baudelaire. *Paris, Académie des Bibliophiles,* 1868, in-12, cart. dos
et coins de percal., non rog., couv.

L'un des **350** exemplaires sur **papier vergé** (n° 45).

348. **Lafond** (Paul). L'Art décoratif et le Mobilier sous la République et l'empire, par Paul Lafond. Préface de M. Henry Houssaye. Dix eaux-fortes originales de l'auteur. Quatre vingt neuf dessins par Maurice Magniant. *Paris, Propagation des livres d'art*, 1906, gr. in-4, br., couv.

349. **Lafond** (Paul). Nouveaux Caprices de **Goya**. Suite de trente-huit dessins inédits publiés avec une introduction de Paul Lafond. *Paris, Propagation des Livres d'Art*, 1907, in-4, cart. de l'éditeur, non rog.

> Tirage à 600 exemplaires numérotés (n° 7). Imprimé pour M. A.-V.-L. d'Anfreville.

350. **LA FONTAINE**. Choix de Fables illustrées par un groupe des meilleurs artistes de Tokio. Sous la direction de P. Barboutau. *Tokio, Imprimerie Tsoukidji-Tokio, S. Mayata, Directeur*, 1894, 2 vol. in-8, br., couv. illust.

> L'un des **200** exemplaires sur **papier de Hô-sho** (n° 213).

351. **La Fontaine**. Fables de La Fontaine. Illustrées par J. J. Grandville. *Paris, Fournier Aîné*, 1838, 2 vol. gr. in-8, demi-rel., dos et coins de mar. bleu, dos ornés, têtes dor., non rog. (*Allo*).

352. **LA FONTAINE**. Œuvres de J. de La Fontaine. Nouvelle édition publiée par M. Henri Regnier. *Paris, Librairie Hachette et Cie*, 1883-1893, 11 vol. gr. in-8 et album, br. couv.

353. **Landon** (C. P.). Numismatique du voyage du jeune Anacharsis ou médailles des beaux temps de la Grèce, ouvrage dédié au roi. *Paris, Annales du Musée*, 1818, 2 vol. in-8, fig., br. couv.

> Exemplaire orné de 90 planches représentant des médailles.

354. **Landscape français** (Le). France. *Paris, Chez Louis Janet*, 1834, in-8, 13 vignettes dont une sur le titre, cart. demibas. verte, tête dor., emboîtage.

355. **Lanfrey** (P.). Histoire de Napoléon 1ᵉʳ. *Paris, Charpentier*. 1869-1875, 5 vol. in-12, demi-rel., dos et coins de mar. La Vall., clair, dos ornés, têtes dor., non rog.

356. **La Rochefoucauld**. Les Maximes, suivies des Réflexions diverses publiées avec une préface et des notes, par J.-F.

Thénard. *Paris, Librairie des Bibliophiles*, 1881, in-8, portr., br., couv.

L'un des **170** exemplaires sur **papier de Hollande** (n° 43), avec un portrait de l'auteur par Lalauze.

357. **La Rochefoucauld**. Œuvres de La Rochefoucauld. Nouvelle édition revue sur les plus anciennes impressions et les autographes, et augmentée, de morceaux inédits, des variantes, de notices, etc., par M. D. L. Gilbert. *Paris, Librairie de L. Hachette et Cie,* 1868-1883, 3 vol. gr. in-8, et 1 album, demi-rel., dos et coins de mar. rouge, têtes dor., non rog. (*Pagnant*).

358. **LAROUSSE**. Grand Dictionnaire Universel du XIXᵉ Siècle. *Paris, s. d.*, 17 vol. in-4, demi-rel. chag. vert foncé, plats toile. tr. jasp.

359. **Laurent de l'Ardèche**. Histoire de l'Empereur Napoléon, dessins par Horace Vernet. *Paris, J.-J. Dubochet et Cie,* 1839, gr. in-8, fig., demi-rel., dos et coins de mar. vert. mousse, dos orné, tête dor., non rog.

Premier tirage avec la couverture à la date de 1840, couverture de livraison et Prospectus ajoutés.

360. **Léandre** (Charles). Croquis d'Audience. L'Affaire Humbert. *Paris, F. Juven, s. d.*, (1903), in-fol. fig., br. couv. illust.

L'un des **100** exemplaires sur **papier du Japon** (n° 31).

361. **Le Bon** (Dʳ Gustave). Les Civilisations de l'Inde. *Paris, Firmin Didot et Cie,* 1887, in-4, fig., demi-rel., mar. La Vall., tête dor., non rog., couv.

Ouvrage illustré de 7 chromolithographies, 2 cartes et 350 gravures et héliogravures, d'après les photographies. aquarelles et documents de l'auteur.

362. **Le Bon** (Dʳ Gustave). Les premières Civilisations. Ouvrage illustré de 443 figures, comprenant 333 reproductions, 41 restitutions, 60 photogravures et 9 photographies d'après nature ou d'après les documents authentiques. *Paris, Marpon et Flammarion*, 1889, gr. in-8, demi-rel. dos et coins de mar. bleu, dos orné, tête dor., non rog., couv.

363. **Lebrun** (Général). Souvenirs militaires, 1866-1870. Préliminaires de la Guerre. Mes Missions à Vienne et en Belgique. *Paris, E. Dentu*, 1895, pet. in-8, br., couv.

Exemplaire sur **papier de Hollande**.

364. **Leclerc du Sablon**. Nos Fleurs, Plantes utiles et nuisibles 350 figures en noir, 144 figures en couleur. *Paris, Armand Colin, s. d.*, gr. in-8, demi-rel. dos et coins de chagrin rouge, tête jasp., non rog.

365. **Leconte de Lisle**. Histoire populaire du Christianisme. *Paris, Al. Lemerre*, 1871, in-16, demi-rel. dos et coins de mar. brun, dos orné, tête dor., non rog. *(Canape)*.

On y joint : Catéchisme républicain. *Paris, Al. Lemerre, 1870*, in-16, demi-rel., dos et coins de mar. brun, dos orné, tête dor, non rog. *(Canape)*.

366. **Légende de Croque-Mitaine** (La) recueillie par Ernest L'Epine et illustrée de 175 vignettes sur bois par Gustave Doré. *Paris, Hachette et Cie*, 1874, in-4, cart. de l'éditeur, tr. dor.

367. **Légende de Saint-Denis**, reproduction des miniatures du Manuscrit original présenté en 1317 au roi Philippe-le-Long. Introduction et Notices des planches par Henry-Martin. *Paris, H. Champion*, 1908, gr. in-8 en feuilles, couv. étui.

Exemplaire sur **papier de Hollande**.

368. **Lenotre** (G.). Le Drame de Varennes d'après des documents inédits et les relations des témoins oculaires. Portraits, Plans, Dessins inédits de Gérardin. *Paris, Perrin et Cie*, 1905, in-8, br., couv.

369. **Lenotre** (G). La Fille de Louis XVI — Les Massacres de Septembre — Le Tribunal Révolutionnaire (1793-1795) — Les Fils de Philippe-Egalité pendant la Terreur. *Paris, Perrin et Cie*, 1907-1908, 4 vol. pet. in-8, portr. et fig., br., couv.

370. **Lenotre** (G.). Tournebut, 1804-1809 — Le Baron de Batz, 1792-1795 — Vieilles maisons, vieux papiers — La Captivité et la Mort de Marie-Antoinette. *Paris, Perrin et Cie*, 1896-1906, 4 vol. in-8, br., couv.

371. **Le Petit** (Jules). L'Art d'aimer les Livres et de les connaî-
tre. Lettres à un jeune Bibliophile. Eaux-fortes de Alfred Gérardin. *Paris, se vend chez l'auteur*, 1884, pet. in-8, demi-
rel. dos et coins chagrin grenat, tète dor., non rog., couv.

372. **Le Petit** (Jules). Bibliographie des principales Editions
originales d'Ecrivains Français, du XVe au XVIIIe siècle. Ouvrage contenant environ 3oo fac-similés de titres des livres
décrits. *Paris, Quantin*, 1888, in-8, br., couv.

373. **Le Roux** (H.). Les Jeux du Cirque et la vie foraine. Illustrations de J. Garnier. *Paris, Plon et Cie*, 1889, gr. in-8,
nombr. fig. color. dans le texte, br., couv.

374. **Le Sage**. Histoire de Gil Blas de Santillane. Vignettes
par Jean Gigoux. *Paris, Paulin*, 1835, gr. in-8, texte encadré
d'un double filet, demi-rel. dos et coins de mar. vert foncé,
non rog.

    Exemplaire de premier tirage.

375. **Lescure** (M. de). Les Amours de Henri IV. Ouvrage orné de
quatre portraits dessinés d'après les originaux du temps.*Paris, Achille Faure*, 1864, in-12, portr., demi-rel., dos et coins
de mar. rouge, dos orné, tête dor., non rog.

    L'un des **8** exemplaires sur **papier chamois** (n° 22), avec **10 por-
traits ajoutés** et 1 gravure.

376. **Lescure** (M. de). Henri IV, 1553-1610. Dix gravures sur
acier, d'après les maîtres, par Léopold Flameng. *Paris,
Paul Ducrocq*, 1874, gr. in-8, demi-rel., chag. rouge, plats
toile avec armes de Henri IV, sur le premier plat, tr. dor.

377. **Letellier**. Description historique des Monnaies françaises,
gauloises, royales et seigneuriales. *Paris, Letellier*, 1888-
1890, 4 vol. in-12, br., couv.

    On y joint : Le Guide du Petit Collectionneur de monnaies impériales
romaines. *Paris, Letellier*, 1885, in-12, br., couv.

378. **Leturcq** (J.-F.). Notice sur Jacques Guay, graveur sur
pierres fines du roi Louis XV. Documents inédits émanant
de Guay et notes sur les œuvres de gravure en taille douce
et en pierres fines de la Marquise de Pompadour. *Paris, J.
Baur*, 1873, gr. in-8, fig., br., couv.

379. **Lévy** (A.). Napoléon intime. Deuxième édition. *Paris, E. Plon-Nourrit*, 1893, gr. in-8, et portr., demi-rel., veau rouge, non rog., couv.

380. **Lireux** (Auguste). Assemblée nationale comique, par Auguste Lireux. Illustré par Cham. *Paris, M. Lévy, frères*, 1850, in-4, demi-rel., dos et coins de mar. bleu, dos orné, tête dor., non rog., couv.

381. **Loir** (Maurice). Au Drapeau. Récits militaires extraits de Mémoires, avec une préface par George Duruy et un tableau historique des Régiments français. *Paris, Hachette et Cie*, 1897, in-4, fig., br., couv.

382. **Loir** (Maurice), *lieutenant de vaisseau*. La Marine française. Illustrations de L. Couturier et F. Montenard. *Paris, Hachette et Cie*, 1893, gr. in-8, illustré de 250 gravures et de 36 planches hors texte, demi-rel., dos et coins de chag. bleu, tête dor., non rog., couv.

383. **Loliée** (F.). Le Duc de Morny. Les Femmes du Second Empire. — La Fête Impériale — La Vie d'une Impératrice. *Paris, Juven et Emile Paul*, 1909, 4 vol. in-8, portr. et fig., br., couv. illust.

384. **Lorentz**. Polichinel, ex-roi des Marionnettes, devenu philosophe. *Paris, Willermy*, 1848, gr. in-8, cart. percal. rouge, non rog., fig.

> Satire contre Louis-Philippe Ier et son gouvernement, contenant un très grand nombre de gravures sur bois, visant à l'originalité et l'atteignant souvent *(Brivois)*.

385. **LORENZ** (Otto). **Catalogue général de la Librairie française.** *Paris*, 1867-1906, 17 vol. gr. in-8, demi-rel., dos et coins chag. bleu, têtes dor., non rog., couv.

> On y joint : du même ouvrage. *Paris*, 1907-1909, 3 fascicules du tome 18e et 2 fascicules du tome 19e. Ens. 5 fascicules in-8, br., couv.

386. **Lurine** (Louis) et Alph. **Brot**. Les Couvents, illustrés par Tom Johannot, Baron, Français, Célestin Nanteuil. *Paris, J. Mallet et Cie*, 1846, gr. in-8, demi-rel., chag. grenat, plats toile, tr. dor.

387. **Luther**. Mémoires de Luther, écrits par lui-même, traduits et mis en ordre par J. Michelet. *Paris, Ad. Delahays*, 1854, 2 vol. in-8, demi-rel. chag. vert olive, non rog.

388. **LUYNES** (Duc de). Mémoires sur la Cour de Louis XV
(1735-1758), publiés sous le patronage de M. le Duc de Luynes
par MM. L. Dussieux et Eud. Soulié. *Paris, Firmin Didot
Frères, Fils et Cie,* 1860-1865, 17 vol. in-8, br., couv.

389. **Maillard** (F.). Les Passionnés du Livre. *Paris, E. Rondeau,* 1896, in-12, br., couv.

L'un des **200** exemplaires sur **papier vergé** à la forme (no 190).

390. **MAILLARD** (Léon). Etudes sur quelques Artistes originaux. — **Henri Boutet,** graveur et pastelliste. Illustré de
200 dessins reproduits dans les marges et de 20 planches hors
texte, pointes sèches, eaux-fortes et lithographies, dont quel-
ques-unes en couleurs et la plupart inédites. *Paris, Dentu,*
1894, in-4. — **Maillard** (Léon). Etudes sur quelques Artistes
originaux.—**Henri Boutet,** graveur et pastelliste. Catalogue
raisonné. Préface d'Aurélien Scholl. Illustré de 34 planches de
Henri Boutet, eaux-fortes, pointes sèches, lithographies, etc.,
la plupart inédites, et d'une très belle eau-forte gravée par
Ch. Courtry. *Paris, H. Floury,* 1895, in-4.—**BOUTET** (Henri).
Pointes Sèches. 100 Fac-similes. *Paris, Ateliers de reproduction Fortier et Marotte, s. d.,* (1898), in-4. Ensemble 3 vol.
in-4, demi-rel., dos et coins de mar. fauve, dos ornés et mo-
saïqués, têtes dor., non rog. (*Raparlier*).

391. **Maillard** (Léon). Etudes sur quelques Artistes originaux.
— **Auguste Rodin,** Statuaire. *Paris, H. Floury,* 1899, in-4,
demi-rel., dos et coins de mar. La Vall., clair, dos mosaïqué, tête dor., non rog. (*Raparlier*).

Volume illustré de nombreux dessins inédits de Auguste Rodin, de gravures à l'eau-forte et sur bois par MM. Charles Courtry, Léveillé, Lepère,
Beltrand, et d'héliogravures en noir et en couleur, reproduisant les œuvres
capitales du maître sculpteur.

392. **Maîtres de l'Affiche** (Les). Publication mensuelle contenant la reproduction des plus belles affiches illustrées des
grands artistes français et étrangers, éditée par l'imprimerie Chaix. Préfaces par Roger Marx. *Paris,* années 1896 à
1900, 5 albums in-fol., planches en couleurs dans le cartonn.
de l'éditeur.

393. **MALHERBE**. Œuvres de MALHERBE, recueillies et annotées par M. L. Lalanne. Nouvelle édition revue sur les autographes, les copies les plus authentiques et les plus anciennes impressions et augmentée de notices, de variantes, de notes, d'un lexique des mots, etc. *Paris, Librairie de L. Hachette et Cie*, 1862-69, 5 vol. gr. in-8 et 1 album, demi-rel. dos et coins de mar. bleu, tête dor., non rog. (*Pagnant*).

Exemplaire en **grand papier**.

394. **Malherbe**. Œuvres poétiques avec une Notice et des notes par Prosper Blanchemain. *Paris, Librairie des Bibliophiles*, 1877, in-8, portr., br., couv.

L'un des **170** exemplaires sur **papier de Hollande** (n° 143), avec un portrait de l'auteur par Lalauze.

395. **MANTZ** (Paul). Les Chefs-d'œuvre de la peinture Italienne, ouvrage contenant vingt planches chromolithographiques exécutées par F. Kellerhoven, trente planches sur bois et quarante culs-de-lampe et lettres ornées. *Paris, Firmin Didot Frères et Cie*, 1870, in-fol., cart., de l'éditeur.

396. **Manuel**. Histoire de l'Intrépide Castagnette, Neveu de l'homme à la tête de bois. Illustrée de 43 vignettes sur bois, par Gustave Doré. *Paris, Hachette et Cie* 1862, in-4, cart., toile bleue, tr. dor.

397. **Marbot** (de). Mémoires du Général Baron de Marbot. Ouvrage orné de deux portraits en héliogravure, une héliogravure et de fac-simile d'autographe. *Paris, Plon, Nourrit et Cie*, 1891, 3 vol. in-8, demi-rel., mar. grenat, dos ornés, non rog., couv.

398. **Marie-Thérèse**. Mémoires de Marie-Thérèse, Duchesse d'Angoulème, nouvelle édition, revue, annotée et augmentée de pièces justificatives par M. de Barghon-Fortrion. *Paris, La Mode Nouvelle*, 1858, in-8, cart., dos et coins percal. rouge foncé, non rog., couv.

399. **Marivaux**. Théâtre choisi, avec une préface par F. Sarcey. *Paris, Librairie des Bibliophiles*, 1881, 2 vol. in-8, port., br., couv.

L'un des **170** exemplaires sur **papier de Hollande** (n° 197), avec un portrait de l'auteur par Lalauze.

400. **Martha** (Jules). L'Art Etrusque. Illustré de 4 planches en couleurs et de 400 gravures dans le texte d'après les originaux ou d'après les documents les plus authentiques. *Paris, Firmin-Didot*, 1889, in-4, cart. de l'éditeur, tête dor., non rog.

401. **Masson** (Frédéric). Etudes Napoléoniennes. *Paris, Ollendorff*, 1895-1908, 15 vol. in-8, br., couv.

> Manque Tomes I et II de Napoléon et sa famille.

402. **Masson** (Frédéric). Napoléon et les Femmes. *Paris, s. d.*, gr. in-8, cart. demi-percal. bl., non rog.

> Edition primitive extraite du Journal.

403. **Masson** (Frédéric). Napoléon et les femmes. L'Amour. Illustrations de A. Calbet. *Paris, Librairie Borel*, 1897, in-12, fig., br., couv.

> L'un des **50** exemplaires sur **papier du Japon** (n° 81).

404. **Masson** (Frédéric). Souvenirs de Maurice Duviquet — L'Affaire Maubreuil — Autour de Sainte-Hélène (2 séries) — Jadis — Jadis et Aujourd'hui. *Paris, P. Ollendorff*, 1905-1909, 6 vol. in-12, br., couv.

405. **Mavidal** (J.). Mémoires du Marquis de Pomponne, précédés d'une introduction et de la vie du Marquis de Pomponne. *Paris, B. Duprat*, 1860, 2 vol. in-8, br.. couv.

406. **Médailles** (Les) de l'ancienne Collection Royale. *Paris, Imprimerie Nationale*, 1900, gr. in-4, br., couv.

407. **Meier-Graffe**. Félix Wallotton. Biographie de cet artiste, avec la partie la plus importante de son œuvre éditée et différentes gravures originales et nouvelles. *Paris, Edmond Sagot, s. d.*, in-4 obl., fig., demi-rel. dos et coins de mar. rouge, tête dor., non rog., couv. (*Loisellier*).

408. **Meissonnier** (J.-L.-E.). Ses Souvenirs — Ses Entretiens, précédés d'une Étude sur sa vie et son œuvre, par M. O. Gréard. *Paris, Hachette et Cie*, 1897, in-4, port. et fig., en feuilles dans un carton.

> L'un des **25** exemplaires sur **papier de Chine** (n° 25).

409. **Mémoires** sur l'Histoire de France. *Paris, Poulet-Malassis*, 1862, 2 vol. in-12, br., couv.

> M. C. Hippeau. Mémoires inédits du Comte Leveneur de Tillières, ambassadeur en Angleterre, sur la Cour de Charles I⁰ʳ. — Mémoires de Garat, avec une préface par E. Maron.

410. **Mémoires**. *Paris, 1877 et années suivantes*, 5 vol. in-8, br., couv.

> P. de Vaissière. Lettres d' « Aristocrates » — A. Chuquet. Dugommier, avec portrait et cartes — R. Blachez. Bonchamps et l'Insurrection Vendéenne — E. Dard. Le Général Choderlos de Laclos — F. Masson. Le Département des Affaires étrangères.

411. **Mémoires**. *Paris, 1895 et années suivantes*, 5 vol. in-8, br., couv.

> L. Pingaud. Bernadotte, Napoléon et les Bourbons — Baguenier-Desormaux. Kléber en Vendée — Journal de Marche du Grenadier Pils — Pons (de l'Hérault). Souvenirs et Anecdotes de l'Ile d'Elbe — Ph. Gonnard. Les Origines de la Légende Napoléonienne.

412. **Mémoires**. *Paris, Emile-Paul*, 1905-1909, 5 vol. in-8, port., br., couv.

> Baron de Maricourt. En marge de notre histoire — Maurice Boutry. Autour de Marie-Antoinette — René Bazin. Le Duc de Nemours. — Vicomte de Reiset. Louise d'Esparbès. Comtesse de Polastron — Vicomte de Reiset. Belles du Vieux Temps.

413. **Mémoires**. *Paris, Emile-Paul*, 1905-1909, 5 vol. pet. in-8, port., br., couv.

> Comte Fleury. Angélique de Mackau — Les dernières années du Marquis et de la Marquise de Bombelles — Marie-Louise et la Cour d'Autriche — Médaillons romantiques — Les Enfants du Duc de Berry.

414. **Mémoires** d'une Danseuse Russe. La Flagellation en Russie. *Paris, Librairie des Bibliophiles Parisiens*, 1905, in-8, texte encadré, cart. demi-chag., non rog., couv.

415. **Mémorial de Sainte Hélène**, par le Comte de Las-Cases, suivi de Napoléon dans l'exil par MM. O'Meara et Antomarchi, et de l'historique de la translation des restes mortels de l'Empereur Napoléon aux Invalides. *Paris, Ernest Bourdin*, 1842, 2 vol. gr. in-8, demi-rel. dos et coins de mar. rouge, têtes dor., non rog., couv. (*Reliure de l'époque*).

> Edition illustrée par Charlet de 500 vignettes dans le texte, de 29 grands sujets tirés à part, gravés sur bois et imprimés sur **Chine**.

416. **Ménard** (René). L'Art en Alsace-Lorraine, par René Ménard. *Paris, Ch. Delagrave*, 1876, in-4, fig., demi-rel. dos et coins de mar. La Vall., tête dor., non rog., couv.

417. **Ménard** (René). La Mythologie dans l'art ancien et moderne, suivie d'un appendice par Véron. Ouvrage orné de 823 gravures dont 32 hors texte. *Paris, Delagrave*, 1878, in-4, demi-rel. dos et coins de chag. La Vall., tête dor., non rog., couv.

418. **Méneval** (Baron Cl.-Fr. de). Mémoires pour servir à l'Histoire de Napoléon 1er depuis 1802 jusqu'à 1815. *Paris, E. Dentu*, 1894, 3 vol. in-8, port., demi-rel. mar. rouge, têtes dor., non rog.

419. **Ménière** (P.). La Captivité de Madame la Duchesse de Berry à Blaye. *Paris, Calmann-Lévy*, 1882, 2 vol. in-8, br., couv.

420. **Mérode-Westerloo.** Souvenirs du Comte de Mérode-Westerloo, sénateur du Royaume (de Belgique). *Paris, E. Dentu. Bruxelles*, 1864, 2 vol. gr. in-8, cart. dos percal. grenat, non rog.

421. **Méry** et le Cte **Fœlix.** Histoire des Femmes Mythologiques, dessins par G. Staal. *Paris, G. de Gonet, s. d.*, gr. in-8, cart. de l'éditeur, tr. dor.

422. **MICHAUD.** Histoire des Croisades, illustrée de 100 grandes compositions par Gustave Doré, gravées par Bellenger, Doms, Gusman, Jonnard, Pannemaker, Pisan, Quesnel. *Paris, Furne, Jouvet et Cie*, 1877, 2 vol. in-fol., fig., cart. de l'éditeur, fers spéciaux, non rog.

423. **Michel** (Louis). Les Chefs-d'Œuvre de Rembrandt. *Paris, Hachette et Cie, s. d.* 15 livraisons in-fol. en feuilles, couv.

424. **Michiels** (Alfred). L'Architecture et la Peinture en Europe depuis le IVe siècle jusqu'à la fin du XVIe. *Paris, Renouard, H. Loones*, 1873, in-8, br., couv.

425. **Miln** (James). Fouilles faites à Carnac (Morbihan). — Les Bossenno et le Mont Saint-Michel — Les Alignements de Kermario. *Paris et Rennes*, 1877 et 1881, 2 vol. in-4, fig., br., couv.

426. **Modern-Collection historique et anecdotique.** *Paris,*
A. Fayard, s. d., 10 vol. gr. in-8, fig. percal., tr. jasp.

Souvenirs de Léonard, Coiffeur de la Reine Marie-Antoinette — 1814
Baron Fain — Souvenirs d'un officier de la Grande Armée — Mémoires
Secrets sur la régence — Sous la Terreur — Mémoires sur Madame de
Pompadour — Famille Royale au Temple — Mémoires sur Fouché — Mé-
moires du Duc de Lauzun — Mémoires sur l'Impératrice Joséphine.

427. **MODES.** Albums de Mme Félicie Coste, Rue de Choiseul, 1.
— Visite. — Costume. — Bal. **156 dessins originaux colo-
riés,** par **Ch. Pillate,** réunis en 3 vol. gr. in-4, demi-rel. dos
et coins de chag. vert. et en feuilles.

Très curieuse Collection de costumes de Mode créés par cette maison
de Couture vers 1860.

428. **MOLIÈRE.** Œuvres de Molière. Nouvelle édition, revue sur
les plus anciennes impressions et augmentée par M. Eugène
Despois. *Paris, Librairie Hachette et Cie,* 1873-1895, 13 vol.
et 1 album gr. in-8, demi-rel. dos et coins de mar. rouge,
non rog. (*Pagnant*).

429. **Montesquieu.** Considérations sur les causes de la gran-
deur des Romains et de leur décadence publiées avec une
notice et des notes par G. Franceshi. *Paris, Librairie des
Bibliophiles,* 1876, in-8, portr., br. couv.

L'un des **170** exemplaires sur **papier de Hollande** (n° 150), avec un
portrait de l'auteur par Lalauze.

430. **Montorgueil (Georges).** La Cantinière (1789-1815). France.
Son histoire. Imagée par Job. *Paris, Charavay, Mantoux,
Martin, s. d.,* gr. in-4, illustrations en couleurs, en feuilles,
dans le cartonnage illustré de l'éditeur.

431. **Montorgueil (Georges).** France. Son histoire jusqu'en
1789, raconté par G. Montorgueil. Imagiée par Job. *Paris,
Charavay, Mantoux, Martin, s. d.,* in-4, en feuilles dans le
cartonn. illustré de l'éditeur.

432. **MONTORGUEIL (Georges).** Murat à l'auberge paternelle
— L'Engagé volontaire — Le Cavalier d'Aboukir — Le Beau-
Frère de Napoléon — Le Roi de Naples — La Garde-robe
d'un héros — Un roi en haillons — Le Drame du Pizzo.
Texte de G. Montorgueil aquarelles de Job. *Paris, Hachette
et Cie, s. d.,* in-fol. obl. en feuilles dans le cartonn. de toile

blanche dont le premier plat est orné du portrait de Murat, emboîtage.

<blockquote>L'un des **40** exemplaires sur **papier de Chine** (n° 8). **Aquarelle originale de Job**.</blockquote>

433. **Montorgueil** (Georges). Les Trois Couleurs. France. Son histoire. Imagée par Job. *Paris, Charavay, Martin, s. d.,* gr. in-4, illustrations en couleurs, en feuilles, dans le cartonn. de l'éditeur.

434. **Montrosier** (Eug.). Salon des Aquarelles Françaises. *Paris, Launette,* 1887-1888, 2 années en 40 fascicules in-4, en feuilles dans 2 cartons illust.

435. **Moreau de Jonnés** (M. A.). Aventures de Guerre au temps de la République et du Consulat. *Paris, Pagnerre,* 1858, 2 vol. in-8, br., couv.

436. **MOREL** (Emile). **Les Gueules Noires,** préface de Paul Adam, illustrations de Steinlen. *Paris, E. Sansot et Cie,* 1907, in-8, carré réimposé in-4, vélin de la Société, quadruple suite sur Japon mince et ordinaire en bistre et en noir avec et sans fond teinté, signé par l'auteur et l'illustrateur.

<blockquote>De la Société des **XX** (n° 3).</blockquote>

437. **Morgand et Fatout.** Bulletin de la Librairie. *Paris, D. Morgand et Ch. Fatout,* 1876-1901, 9 vol. in-8, demi-rel., dos et coins de mar. rouge, tête dor., non rog.

438. **Mouton** (Eug.). L'Art d'écrire un Livre, de l'imprimer et de le publier. *Paris, H. Welter,* 1896, pet. in-8, br., couv.

439. **Musset** (A. de). Voyage où il vous plaira, par Alfred de Musset et P.-J. Stahl, vignettes par Tony Johannot. *Paris, chez Marescq et Cie, Gust. Havard,* 1852, in-4, demi-rel., dos de chag. rouge, tête dor., non rog., couverture.

440. **Musée Cosmopolite.** Costumes des différentes nations modernes, *s. l. n. d.,* 4 vol. in-4, demi-rel. dos de mar. grenat, non rog.

<blockquote>Albums contenant **442 planches en couleurs**.</blockquote>

441. **Musset** (Al. de). Etude critique et bibliographique des Œuvres de Alfred de Musset, édition dite de souscription. *Paris, chez R. Pincebourde*, 1867, in-4, br., couv.

> Exemplaire sur **papier de Hollande**.

442. **Musaeus.** Contes populaires de l'Allemagne, traduits par A. Cerfbeer de Medelsheim. Edition illustrée de 3oo vignettes allemandes. *Paris, publié par Gustave Havard*, 1846, 2 vol. in-8 carré, demi-rel., dos et coins de mar. noir à long grain, tête dor., non rog.

> Exemplaire de premier tirage.

443. **Münchhausen.** Aventures du Baron de Münchhausen, traduction nouvelle par Théophile Gautier fils, illustrées par Gustave Doré. *Paris, Ch. Furne, s. d.*, (1862), in-4, demi-rel. chag. noir, plats toile, tr. jasp.

> Premier tirage des illustrations de Gustave Doré.
> Exemplaires sur **papier vélin fort**.

444. **Musée du Louvre.** Galerie de Rubens dite du Luxembourg, composée des vingt-quatre tableaux gravés sur acier par les meilleurs artistes avec un beau portrait de Rubens, dessiné par Le Clère, gravé par Benoist. *Paris, L. Willem*, 1877, gr. in-fol. cart. dos et coins percal. vert foncé, tête dor., non rog., couv.

445. **Napoléon** Ier. Confessions de Napoléon. A. *Paris, chez A. Pillot*, 1816, 2 vol. in-12, fig., cart. percal. bleu foncé, non rog.

446. **Napoléon** Ier. Lettres de Napoléon à Joséphine et lettres de Joséphine à Napoléon et à sa fille. *Paris, Firmin Didot*, 1833, 2 vol. in-8, br. couv.

> Exemplaire à l'état de neuf.

447. **Napoléon** Ier. Poème en dix Chants. *Bruxelles, A. Lacrosse*, 1824, in-8, fig., br.

> Edition originale, avec la couverture.

448. **Napoléon** Ier. *Paris*, 1899, 3 vol. in-12, br., couv.

> Paul Frémeaux. Les Derniers Jours de l'Empereur — Charles Laurent. Son Fils. — Hector Fleischmann Napoléon adultère.

449. **Neymarck** (Alfred). Colbert et son temps. *Paris, E. Dentu,* 1877, 2 vol., in-8, cart. dos de percal. rouge, non rog., couv.

45o. **Neymarck** (Alfred). Turgot et ses doctrines. *Paris, Guillaumin et Cie,* 1885, 2 vol. in-8, cart. dos de percal. rouge, têtes dor., non rog., couv.

451. **Nisard** (Ch.). Histoire des livres populaires — Des Chansons populaires. *Paris, E. Dentu,* 1864-1867, 4 vol. in-12, br., couv.

452. **Nodier** (Charles). Contes — Trilby — Le Songe d'or — Baptiste Montauban — La Fée aux Miettes — La Combe de l'homme mort — Inès de Las Sierras — Smarra — La Neuvaine de la Chandeleur — La Légende de la sœur Béatrix. Eaux-fortes par Tony Johannot. *Paris, publié par J. Hetzel,* 1846, gr. in-8, cart. de l'éditeur, tr. dor.

> Première édition illustrée de 8 eaux-fortes de Tony Johannot tirées sur Chine, avec le nom de l'artiste à la pointe.
> Exemplaire de l'acteur Grassot avec son ex-libris.

453. **Nodier** (Charles). Histoire du Roi de Bohême et de ses sept châteaux. *Paris, Delangle frères,* 183o, in-8, avec vignettes dans le texte, gravées sur bois par Porret, d'après Tony Johannot, demi-rel. dos et coins de mar. rouge, dos orné, tête dor., non rog.

454. **Nodier** (Charles). La Seine et ses bords, par C. Nodier, vignettes par Marville et Foussereau, publiés par M. A. Mure de Pelanne. *Paris, au bureau de la Publication,* 1836, in-8, demi-rel. dos et coins de mar. vert, dos orné, fil. sur les plats, non rog., couv.

455. **Normand** (Ch.). L'Hotel de Cluny. Héliogravures et eaux-fortes de P. Dujardin, G. Garen, Kadar, Sulpis, etc. *Paris, A. Lévy,* 1888, in-4, en feuilles dans un carton.

> Exemplaire sur **papier de Hollande**.

456. **Nouveau Magasin des Enfants,** publié par E. Blanchard, 3 vol. pet. in-8, br., couv.

> Perrault. Les Contes des Fées. Vignettes par Grandville, Gérard Séguin, Lorentz, 1851. — Alphonse Karr. Les Fées de la Mer. Vignettes par Lorentz, 1851. — Alphonse Karr. Histoire d'un Pion. Vignettes par Gérard Séguin, 1851.

457. **Nouveau Magasin des Enfants**, publié par *Blanchard*. 5 vol. pet. in-8, demi-rel. et cart. de l'éditeur.

> Le Royaume des Roses, par Arsène Houssaye, vignettes par Gérard Séguin, 1851. — Histoire du véritable Gribouille, par George Sand, vignettes par Maurice Sand. 1851. — Grandeur et Décadence d'une Serrinette, par Champfleury, 1857. — Les Fées de la Mer, par Alphonse Karr, vignettes par Lorentz, 1851. — Histoire d'un Pion, par Alphonse Karr, vignettes par Gérard Séguin.

458. **Nus** (Eug.) et Antony **Méray**. L'Empire des Légumes. Mémoires de Cucurbitus Ier, dessins par Amédée Varin. *Paris, G. de Gonet, s. d.*, gr. in-8, demi-rel. chag. La Vall., plats toile, tr. dor.

> Figures coloriées.

459. **Old Nick**. La Chine ouverte. Aventures d'un Fan-Kouei dans le pays de Tsin, ouvrage illustré par Auguste Borget. *Paris, H. Fournier,* gr. in-8, nomb. fig. dans le texte et planches hors texte, cart. de l'éditeur, ébarbé, non rog.

460. **Pacini** (Eug.). La Marine, arsenaux, navires, équipages, navigation, atterrages, combats. Illustrations de M. Morel-Fatio. *Paris, Curmer,* 1844, gr. in-8, demi-rel. chag. grenat, tr. jasp.

461. **Palissy** (B.). Les œuvres de Bernard Palissy, publiées d'après les textes originaux, avec une notice et une table analytique par Anatole France. *Paris, Charavay,* 1880, pet. in-8, br., couv.

462. **Paris-Londres**. Keepsake français 1842. Nouvelles inédites illustrées par vingt-six vignettes gravées à Londres par les meilleurs artistes. *Paris, H.-L. Delloye,* 1842, in-8, demi-rel. chag. rouge, tr. jasp.

463. **Parnes** (Roger de) et **G. d'Heylli**. Le Directoire — Gazette Anecdotique — La Régence — Anecdotes secrètes. *Paris, Rouveyre,* 1880-1882, 4 vol. in-8, fig., br., couv. illust.

> Exemplaire sur **papier de Hollande**.

464. **Parnes** (Roger de). Gazette anecdotique du Règne de Louis XVI, portefeuille d'un Talon-Rouge, avec préface par Georges d'Heylli. *Paris, Ed. Rouveyre,* 1881, in-8, fig., demi-rel. dos et coins de mar. bleu, dos orné, tête dor., non rog., couv. illust.

> Exemplaire sur **papier de Hollande**, avec les compositions et dessins de Mesplès gravés par Mesplès et Puyplat.

465. **Parquin** (Capitaine). Récits de guerre. Souvenirs du Capitaine Parquin, 1803-1814, dessins par F. de Myrbach, H. Dupray, Walker, etc. Introduction par Frédéric Masson. *Paris, Boussod, Valadon et Cie, s. d.,* gr. in-4, br., couv.

466. **Pascal.** Œuvres de Blaise Pascal, publiées par Léon Brunschwicg et Pierre Boutroux. *Paris, Hachette et Cie,* 1908, 3 vol. in-8, br.

467. **Pascal.** Œuvres de Blaise Pascal. Nouvelle édition d'après les manuscrits autographes, les copies authentiques et les éditions originales, par M. Prosper Faugère, 2 vol. — Pensées, 3 vol. *Paris, Hachette et Cie,* 1886-1904, ens. 5 vol. in-8, br., couv.

468. **Pelletan** (Edouard). Lettre aux Bibliophiles — Deuxième lettre aux Bibliophiles. *Paris, Edouard Pelletan,* 1896, 2 plaq. in-8, br., couv.

469. **Pellico** (Silvio). Mes Prisons, suivi des Devoirs des hommes, traduction nouvelle, par le comte H. de Messey, revue par le vicomte Alban de Villeneuve, etc. Edition illustrée d'après les dessins de MM. Gérard Séguin, d'Aubigny, Steinheil, etc., etc. *Paris, H.-L. Delloye,* 1844, gr. in-8, fig., demi-rel. dos et coins de mar. La Vall., tête dor., ébarbé.

470. **Perrault.** Quatre Contes de Perrault (Barbe-Bleue, la Belle au Bois dormant, Cendrillon, les Fées), illustrés par Edouard de Beaumont. *Paris, Boussod, Valadon et Cie,* 1888, in-4, cart. toile rouge, fers spéciaux, tête dor., feuillets mont. sur onglets (*Cart. des éditeurs*).

471. **PETITS CONTEURS DU XVIIIᵉ SIÈCLE,** publiés avec notices bio-bibliographiques, par O. Uzanne. *Paris, Quantin,* 1878-1883, 12 vol. in-8, portraits, en-têtes et culs-de-lampe à l'eau-forte, cart. dos et coins de mar. vert, têtes dor., non rog., couv.

> Collection complète.
> Contes de l'abbé de Voisenon. — Contes du Chevalier de Boufflers. — Facéties du Comte de Caylus. — Contes dialogués de Crébillon fils — Contes d'Augustin de Moncrif. — Contes du chevalier de la Morlière. — Contes de Duclos. — Contes de Cazotte. — Contes de Restif de la Bretonne. — Contes du baron de Besenval. — Contes de Fromaget. — Contes de Godard d'Aucour.

472. **Peyre** (Roger). Napoléon Ier et son temps. Histoire militaire. Gouvernement intérieur. Lettres, Sciences et Arts. *Paris, Firmin Didot et Cie*, 1888, gr. in-8, cart. dos et coins de percal., non rog., couv.

> Ouvrage illustré de 13 planches en couleur et 431 gravures et photogravures d'après les documents de l'époque et les monuments de l'art, et accompagné de 24 cartes ou plans.

473. **Pfnor** (R.). Ornementation usuelle de toutes les époques, dans les arts industriels et en architecture. *Paris, E. Devienne et Cie*, 1866-1868, in-fol., demi-rel. chag. rouge, non rog.

474. **Philipon** (Ch.) et Louis **Huart**. Parodie du Juif-Errant. 3oo vignettes par Cham. *Bruxelles, Société belge de Librairie*, 1845, in-8, cart. dos et coins de mar. rouge, tête dor., non rog., couv.

475. **Philipon de la Madelaine** (M. V.). L'Orléanais. Histoire des Ducs et du Duché d'Orléans, illustrée par MM. Baron, Français, C. Nanteuil et Rouargue, grav. par les meilleurs artistes français et anglais. *Paris, Mallet et Cie*, 1845, gr. in-8, demi-rel. dos de chag. grenat, tr. jasp.

476. **PHYSIOLOGIES**. *Paris, Aubert et Cie, Lavigne*, 1841 et *années suivantes*. **60** physiologies illustrées par Huart, Mauricet, Trimolet, H. Emy, Markl, Gavarni, Daumier, etc., etc. en 22 vol. in-16, demi-bas. verte, tr. jasp.

> Physiologie du Troupier. — Histoire de l'Empereur. — Physiologie du Gout. — de la Chaumière. — du Vin de Champagne. — de la Chanson. — de l'Etudiant. — de la Grisette. — de la Lorette. — de la Portière. — du Jour de l'An. — de l'Ecolier. — du Diable. — du Franc-maçon. — du Buveur. — du Vieux Garçon. — du Provincial. — du Flaneur. — des Quartiers. — des Cafés, des Bals. — du Médecin. — de l'Homme de Loi. — du Bourgeois. — de l'Argent. — du Député. — des Amoureux. — des Champs-Elysées. — du Jardin des Plantes. — des bonnes fortunes. — de la Toilette. — du Gant. — du Calembour. — des Physiologies. — du Prêtre. — du Curé de Campagne. — des Rats d'Eglise. — des Journalistes — du Recensement. — de l'Imprimeur. — du Célibataire. — de l'Homme marié. — de l'Amant de cœur. — du Poète. — du Théâtre. — du Parterre. — de la Parisienne. — du Bas-bleu. — du Boudoir. — du Lion. — du Fumeur. — du Prédestiné. — du Musicien. — du Chasseur. — du Voyageur. — du Viveur. — du Débardeur. — du Gamin de Paris. — du Parapluie. — du Garde national. — de l'Employé.

477. **Picot** (Emile). Bibliographie Cornélienne ou description raisonnée de toutes les éditions des œuvres de Pierre Corneille, des imitations, etc. *Paris, Ang. Fontaine*, 1876, in-8, portr., br., couv.

> L'un des 500 exemplaires sur papier de Hollande (n° 200).

478. **Pinet** (Ch.). Paris à l'Eau-Forte. *Paris, s. d.,* in-4, fig. cart. dos et coins de percal. verte, non rog.

Album contenant 24 vues de Paris.

479. **Pléiade** (La). Ballades, Fabliaux, Nouvelles et Légendes. Homère, Veda-Vyasa, Marie de France, Burger, Hoffmann, Ludwig, Tieg, Ch. Dickens, Gavarni, H. Blaze. *Paris, L. Curmer,* 1842, pet. in-8, fig., bas. verte, ornem. gauf. sur le dos et les plats, non rog.

Exemplaire ne contenant pas les figures sur Chine.

480. **Pompadour** (Mme de). Correspondance de Mme de Pompadour avec son père, M. Poisson et son frère, M. de Vaudières, publiée pour la première fois par M. A.-P. Malassis. *Paris, Baur,* 1878, in-8, fig., br., couv.

L'un des **180** exemplaires sur **papier vergé de Hollande** (n° 72), avec 2 portraits en 2 états.

481. **Portalis** (le baron Roger). Les Dessinateurs d'illustrations au dix-huitième siècle. *Paris, D. Morgand et Ch. Fatout,* 1877, 2 vol. in-8, cart., dos et coins de percal., non rog.

Eau-forte par Jacquemart.
Exemplaire sur **papier de Hollande**, figures ajoutées.

482. **Pougin** (A.). Dictionnaire historique et pittoresque du Théâtre et des arts qui s'y rattachent. Ouvrage illustré de 350 gravures et de 8 chromolithographies. *Paris, Firmin-Didot et Cie,* 1885, gr. in-8, demi-rel. chag. bleu, dos orné, non rog., couv.

Exemplaire avec un frontispice gravé ajouté.

483. **Préau** (Ch.). Etudes Numismatiques. *Paris, Troublé,* 1890, 2 broch. en 1 vol. in-8, cart. de toile verte, non rog., couv.

484. **Prévost** (l'Abbé). Histoire de Manon Lescaut et du chevalier des Grieux. Edition illustrée par Tony Johannot, précédée d'une notice historique sur l'auteur par Jules Janin. *Paris, E. Bourdin et Cie, rue de Seine, Saint-Germain, s. d.,* gr. in-8, demi-rel. dos et coins de mar. vert olive, dos orné, tête dor., non rog., couv. *(Ritter).*

485. **Prévost**. L'Irlande au dix-neuvième siècle. *Paris, L. Curmer,* 1845, gr. in-8, fig., demi-rel. dos et coins chag. La Vall. clair, non rog.

Ouvrage orné de nombreuses planches gravées sur acier hors texte.

486. **Proust** (A.). L'art français, publication officielle de la commission des beaux-arts. *Paris, L. Baschet, s. d.,* in-4, fig., en feuilles dans un carton.

487. **Puvis de Chavannes.** Les Caricatures, préface de Marcelle Adam. *Paris, Ch. Delagrave, s. d.,* in-4, en feuilles dans le cartonn. de l'éditeur.

488. **Quatrelles.** Le Chevalier Beau-temps, préface d'Alexandre Dumas fils, vignettes de Gustave Doré. *Paris, Typographie de A. Pougin, s. d.,* pet. in-8, br. couv.

489. **Quatrelles.** Colin Tampon. Illustrations d'après les aquarelles et les dessins d'Eugène Courboin. *Paris, Hachette et Cie,* 1885, in-4, fig. dans le texte et planches hors texte en couleurs, cart. de l'éditeur, tête dor., tr. jasp.

490. **QUÉRARD** et **BOURQUELOT.** La France littéraire, 10 vol. — Supplément, 2 vol. — Littérature française Contemporaine par Bourquelot, 6 vol. — Archives d'Histoire Littéraire, 2 vol. *Paris, Firmin-Didot, Daguin Frères, etc.,* 1827-1864, 20 vol. in-8, demi-rel. dos et coins de mar., non rog.

Exemplaire en **grand papier**.

491. **QUEVEDO** (Francisco de). Œuvres choisies. Histoire de Pablo de Ségovie. (El gran Tacaño); traduite de l'Espagnol et annotée par A. Germond de Lavigne de l'Académie espagnole; illustrée de nombreux dessins par Daniel Vierge. *Paris, Léon Bonhoure,* 1882, in-8, demi-rel. mar. vert foncé, dos orné, tête dor., non rog., couv. *(Champs).*

L'un des **30** exemplaires sur **papier du Japon** (n° 2).

492. **Quicherat** (J.). Histoire du Costume en France, depuis les temps les plus reculés jusqu'à la fin du XVIIIe siècle. Ouvrage contenant 481 gravures dessinées sur bois d'après les documents authentiques, par Chevignard, Pauquet et P. Sellier. *Paris. Hachette et Cie,* 1875, gr. in-8, demi-rel. chagrin grenat., dos orné, tête dor., non rog., couverture.

493. **RABELAIS.** Œuvres de François Rabelais, contenant la vie de Gargantua et celle de Pantagruel, précédées d'une notice historique sur la vie et les ouvrages de Rabelais, par P.

L. Jacob, bibliophile. Illustrations par G. Doré. *Paris, J. Bry aîné*. 1854, in-4 à 2 col., br., couv.

Cette édition est ornée d'une centaine de gravures sur bois, dont 15 grands sujets tirés à part (non compris le frontispice).
Exemplaire de premier tirage avec la couverture imprimée en or et couleurs.

494. **RABELAIS**. Œuvres. Texte collationné sur les Éditions originales, avec une vie de l'auteur, des notes et un glossaire. Illustrations de Gustave Doré. *Paris, Garnier frères*, 1873, 2 vol. in-fol., pap. vél., titre r. et n., cart. toile rouge, fers spéciaux, non rog. (*Cart. de l'éditeur*).

495. **RACINE**. Œuvres de Racine. Nouvelle édition, revue sur les plus anciennes impressions et les autographes, et augmentée de morceaux inédits, de variantes, de notices, de notes, d'un lexique des mots, etc., par M. Paul Mesnard. *Paris, Librairie de L. Hachette et Cie*, 1865-1873, 8 vol. plus 1 vol. de musique et 1 album. Ens. 10 vol. gr. in-8, demi-rel. chag. vert foncé, têtes dor., non rog.

496. **RACINET** (A.). **Le Costume historique** et ses accessoires (armes, outils, objets usuels, décor de l'habitation, etc.). Recueils de documents authentiques retraçant l'histoire du costume dans tous les pays depuis l'antiquité jusqu'au XIXe siècle, et contenant 500 planches, dont 300 en couleurs, or et argent. Plus le tome 1er du texte, avec des notices explicatives, une introduction générale, etc. *Paris, Firmin-Didot et Cie*, 1888, 6 vol. in-fol. demi-rel., dos et coins de mar. violet, têtes dor., non rog.

497. **Rahir** (Edouard). La Bibliothèque de l'Amateur. Guide sommaire à travers les livres anciens les plus estimés et les principaux ouvrages modernes. *Paris, Ed. Rahir*, 1907, in-8, br., couv.

Epuisé, Rare.

498. **RAYET** (O.) et Maxime **COLLIGNON**. Histoire de la Céramique Grecque. *Paris, G. Decaux*, 1888, in-4, fig., br., couv.

Exemplaire sur **papier du Japon** (n° 12).

499. **Regnard**. Théâtre publié avec une Notice et des Notes par G. d'Heylli. *Paris, Librairie des Bibliophiles*, 1876, 2 vol. in-8, portr., br., couv.

> L'un des **170** exemplaires sur **papier de Hollande** (n° 75), avec un portrait de l'auteur par Lalauze.

500. **REISET** (Cte de). Modes et Usages au temps de Marie-Antoinette — Livre-Journal de Mᵉ Eloffe, marchande de modes, couturière lingère ordinaire de la reine et des dames de sa cour (1787-1793). Ouvrage illustré de près de 200 gravures, dont 110 grandes planches, coloriées. *Paris, F. Didot et Cie*, 1885, 2 vol. in-4, pap. vél., titre r. et n., demi-rel. dos et coins de chagrin rouge, dos fleurdelisé, tête dor., non rog.

501. **Remacle** (Cᵗᵉ). Relations secrètes des agents de Louis XVIII à Paris sous le Consulat, 1802-1803. *Paris, Plon, Nourrit*, 1899, in-8, br., couv.

502. **RETZ**. Œuvres du Cardinal de RETZ. Nouvelle édition revue sur les autographes et les plus anciennes impressions, par MM. A. Feillet, J. Gourdault et R. Chantelauze. *Paris, Librairie L. Hachette et Cie*, 1872-96, 10 vol. gr. in-8, demi-rel. dos et coins de chag. La Vall., dos ornés, tête dor., non rog.

> Le tome premier est broché.

503. **Revue comique** (La) à l'usage des gens sérieux. Histoire morale, philosophique, politique, critique, littéraire et artistique de la semaine. Texte par A. Lireux, C. Caraguel, P. Vertot, E. de La Bédollière, Gérard de Nerval, etc., etc. Dessins par Bertall, Nadar, Otto-Lorentz, Fabritzius, Beguin, Quillenbois, etc. Novembre 1848 — Décembre 1849. *Paris, Dumineray*, 1848-1849, 2 tomes en 1 vol. in-4, demi-rel. chag. rouge, plats toile, non rog., couv.

504. **Revue de l'Exposition universelle** de 1889. *Paris, Baschet*, 24 fasc., figures en 2 vol. in-4, cart. de l'éditeur, têtes dor., non rog.

505. **Reybaud** (L.). Jérome Paturot à la recherche de la meilleure des Républiques. Edition illustrée par Tony Johannot. *Paris, M. Lévy frères*, 1849, gr. in-8, demi-rel. chag., plats toile, tr. dor.

5o6. **Reybaud** (L.). Jérôme Paturot à la recherche d'une position sociale. Edition illustrée par J.-J. Grandville. *Paris, Dubochet, Le Chevalier et Cie*, 1846, gr. in-8, demi-rel. dos et coins de mar. noir, dos orné, fil. sur les plats, tr. jasp.

5o7. **Ribeyre** (Félix). Cham, sa vie et son œuvre. Eau-forte de Le Rat, d'après Yvon, héliogravure, d'après Gustave Doré, fac-similé d'aquarelles et de dessins. *Paris, Plon, Nourrit et Cie*, 1884, in-12, br., couv.

5o8. **Richelot** (H.). Gœthe, ses mémoires et sa vie, traduits et annotés par Henri Richelot. *Paris, Hetzel*, (1863) 4 vol. in-8, br., couv.

5o9. **Ris-Paquot**. Histoire des Faïences de Rouen, pour servir de guide aux Collectionneurs. Ouvrage avec texte orné de 6o planches mises en couleur à la main. *Amiens, chez l'Auteur*, 1870, in-fol. en feuilles dans un carton.

5io. **Rivarol** (A.). Œuvres choisies, avec une préface par M. de Lescure. *Paris, Librairie des Bibliophiles*, 1880, 2 vol. in-8, port., br., couv.

> L'un des **170** exemplaires sur **papier de Hollande** (n° 93) avec un portrait de l'auteur par Lalauze.

5ii. **Robert-Macaire** (Les Cent et un), composés et dessinés par M. H. Daumier, sur les idées et les légendes de M. Ch. Philipon, réduits et lithographiés par MM***. Texte par MM. Maurice Alhoy et Louis Huart. *Paris, Aubert et Cie*, 1840, 2 tomes en i vol. in-4, fig., demi-rel. dos et coins de mar. grenat, dos orné, tête dor., non rog. (*Champs*).

5i2. **ROBIDA** (A.). La Vieille France. — Normandie. — Bretagne. — Touraine. — Provence. Texte, dessins et lithographies, par A. Robida. *Paris, Librairie illustrée, s. d.*, 4 vol. in-4, nomb. fig. dans le texte et pl. hors texte, demi-rel. dos et coins de chag. La Vall., têtes dor., non rog., couv. illust.

> Exemplaire tiré sur **papier vélin teinté**, avec double épreuve des planches hors texte.

5i3. **Robida**. Les Vieilles Villes d'Espagne. Notes et Souvenirs. Ouvrage illustré de 125 dessins à la plume, par A. Robida, reproduits en fac-simile. *Paris, Dreyfous*, 1880, gr. in-8, br., couv.

5i4. **Robida**. Les Vieilles Villes d'Italie. Notes et Souvenirs. Ouvrage illustré de 102 dessins à la plume par A. Robida, reproduits en fac-similé. *Paris, M. Dreyfous*, 1878, gr. in-8, cart. dos de percal., non rog., couv.

5i5. **Roger Marx**. **Auguste Rodin** Céramiste, Héliotypies de Léon Marotte. *Paris, Propagation des Livres d'Art*, 1907, pet. in-fol., br., couv.

    L'un des **600** exemplaires sur **papier vélin** d'Arches (n° 7). Imprimé pour M. V. L. d'Aufreville.

5i6. **Roger Marx**. La Décoration et les Industries d'Art à l'Exposition universelle de 1900. *Paris, Ch. Delagrave, s. d.*, in-4, fig., br., couv.

5i7. **Roger Marx**. Les Médailleurs français depuis 1789. Notice historique, suivie de documents sur la Glyptique au dix-neuvième siècle. *Paris, Propagation des Livres d'Art*, 1897, in-4, fig., br., couv.

    Exemplaire sur **papier du Japon**.

5i8. **Roger Marx**. Les Médailleurs français contemporains — Les Médailleurs Modernes à l'Exposition Universelle de 1900. Recueil de 769 médailles modernes, françaises et étrangères, publié sous la direction et avec une préface de Roger Marx. *Paris, H. Laurens*, 1901, 2 vol. in-fol. en feuilles dans 2 cartons.

5i9. **Roosevelt** (Blanche). La Vie et les Œuvres de Gustave Doré. Ouvrage traduit de l'Anglais par M. du Seigneux. Très nombreux dessins inédits de Gustave Doré. *Paris, Librairie Illustrée, s. d.*, in-8, br., couv.

5ao. **Rosa-Bonheur**. Atelier de Rosa Bonheur. Tableaux, Préface et Catalogue analytique, par M. L. Roger-Milès, reproduction en taille-douce : procédé Georges Petit. *Paris, Imprimerie Georges Petit*, 1900, 2 vol. in-fol., br., couv., dans un carton.

5a1 **Rouaix** (P.). Dictionnaire des arts décoratifs à l'usage des artisans, des artistes, des amateurs et des écoles. Ouvrage illustré de 541 gravures. *Paris, Librairie Illustrée, s. d.*, in-4, demi-rel. dos et coins de chag. rouge, tête dor., non rog.

522. **Rouen Illustré**. Album. Eaux-fortes par J. Adeline, Brunet-Debaines, Max Lalanne et H. Toussaint. *Rouen*, 1884, in-4, demi-rel. dos et coins de chag. bleu, tête dor., non rog.

523. **Rousseau (J.-J.)**. Julie ou la Nouvelle Héloïse, ou Lettres de deux Amants habitants d'une petite ville aux pieds des Alpes. *A Paris, chez E. A. Lequien*, 1823, 2 vol. in-8, fig. de Moreau le Jeune, cart., non rog.

Figures **avant la lettre**.

524. **Rousseau (J.-J.)**. Julie ou la Nouvelle Héloïse. Vignettes par MM. Tony Johannot, E. Wattier, E. Lepoitevin, etc., gravées par M. Brugnot. *Paris, Barbier*, 1845, 2 vol. gr. in-8, fig., demi-rel. dos et coins de chag. vert, tr. jasp.

525. **Rousseau (J.-J.)**. Julie ou la Nouvelle Héloïse. Vignettes par MM. Tony Johannot, Wattier, Baron, etc. *Paris, Barbier*, 1845, 2 vol. gr. in-8, cart. dos et coins percal. bleue, têtes dor., non rog. *(Visinand)*.

526. **Rouveyre (Edouard)**. Connaissances Nécessaires à un Bibliophile, accompagnées de Notes critiques et Documents bibliographiques, recueillis et publiés par Edouard Rouveyre. Cinquième édition illustrée de nombreuses figures. *Paris, E. Rouveyre*, s. d. (1899), 10 vol. pet. in-8, pap. vélin teinté, br., couv.

527. **SAINT-PIERRE** (Bernardin de). **Paul et Virginie** (et la Chaumière indienne). *Paris, L. Curmer, 25, rue Saint-Anne*, 1838, gr. in-8, fig. et port., demi-rel. dos et coins de mar. vert foncé, dos orné, fil. sur les plats, non rog. *(Simier, R. du Roi)*.

Beau livre illustré d'environ 450 vignettes sur bois dans le texte, de planches et de portraits hors texte et d'une carte, par Tony Johannot, Français, Marville, Meissonier, Huet, Steinheil, etc.

528. **SAINT-SIMON**. Mémoires complets et authentiques du duc de Saint-Simon, publiés par M. Chéruel. *Paris, Hachette et Cie*, 1856-1858, 20 vol. in-8, mar. rouge, dent. int., tr. dor. *(Capé)*.

Edition devenue rare. — L'un des **100** exemplaires numérotés sur grand **papier vélin** (n° 12).

529. **Saint-Victor** (P. de). Les femmes de Gœthe, dessins de W. Kaulbach, avec un texte par Paul de Saint-Victor. *Paris, Hachette et Cie*, 1870, in-fol., cart. dos de toile rouge dor., tête dor., non rog.

530. **SAINTE-BEUVE**. Causeries du Lundi. Cinquième édition, revue et augmentée. *Paris, Garnier frères, s. d.*, 16 vol. y compris la Table, in-12, demi-rel. chag. grenat, non rog., couv.

531. **Sainte-Beuve**. Premiers Lundis. *Paris, Calmann-Lévy*, 1886-1894, 3 vol. in-12, demi-rel. chag. grenat, non rog., couv.

532. **SAINTE-BEUVE**. Nouveaux Lundis. Septième édition revue. *Paris, Calmann-Lévy*, 1890-1895, 13 vol. in-12, demi-rel. chag. grenat, non rog., couv.

533. **Sainte-Beuve**. Chateaubriand et son groupe littéraire (2 vol.) — Chroniques parisiennes — Etudes sur Virgile — Lettres à la Princesse — Poésies — P.-J. Proudhon — Souvenirs et Indiscrétions — Tableau de la Poésie française — Volupté. *Paris, 1872 et années suivantes*, 10 vol. in-12, demi-rel. chag. grenat, non rog., couv.

534. **Sainte-Beuve**. Correspondance, 1822-1869 — Nouvelle correspondance, avec des notes de son dernier secrétaire. *Paris, Calmann-Lévy*, 1877-1880, 3 vol. in-12, demi-rel. chag. grenat, non rog., couv.

535. **Sainte-Beuve**. Portraits Contemporains. *Paris, Calmann-Lévy, s. d.* (1889), 5 vol. in-12, demi-rel. chag. grenat, non rog., couv.

536. **Sainte-Beuve**. Portraits littéraires (3 vol.) — Portraits de Femmes. *Paris, Garnier Frères, s. d.*, ens. 4 vol. in-12, demi-rel. chag. grenat, non rog., couv.

537. **Sainte-Beuve**. Port-Royal. Cinquième édition. *Paris, Hachette et Cie*, 1888, 7 vol. in-12, br., couv.

538. **Saintine** (X.-B.). Le Chemin des Ecoliers, promenade de Paris à Marly-le-Roy en suivant les bords du Rhin, avec 450

vignettes de G. Doré, Foster, etc. *Paris, Hachette et Cie,* 1861, gr. in-8, demi-rel. dos de mar. tête de nègre, dos orné, plats toile, tr. dor.

539. **Saintine** (X.-B.). La Mythologie du Rhin, illustrée par Gustave Doré. *Paris, Hachette et Cie,* 1862, gr. in-8, demi-rel. dos et coins mar. bleu clair, tête dor., ébarbé.

540. **Saintine** (X.-B.). Picciola. Edition illustrée de cent vingt vignettes gravées sur bois par Porret, d'après les Dessins de Tony Johannot, Nanteuil, etc. *Paris, Administration de Librairie,* 1843, gr. in-8, demi-rel. bas. noire, tr. jasp.

541. **Salons** de 1888 à 1893 inclus et 1903. Nombreuses planches en photogravure et frontispices gravés à l'eau-forte. *Paris, Baschet, s. d.* (1888-1903), 7 années in-fol. en feuilles, non rog.

542. **SALVANDY** (N.-A. de). Vingt mois ou la Révolution de 1830 et les Révolutionnaires. *Paris, Gustave Barba,* 1832, in-8, veau La Vall. foncé, dos orné, ornements dor. et à froid sur les plats, tr. dor. (*Bauzonnet*).

> Exemplaire aux armes de **Napoléon III**.
> Très jolie reliure.

543. **Sand** (George). François le Champi, dessins et aquarelles de Eugène Burnand, gravure de Guillaume frères. *Paris, Calmann-Lévy,* 1888, in-8, demi-rel. veau noir, dos orné, tête dor., non rog., couv.

544. **Sand** (Maurice). Masques et Bouffons (comédie italienne). Texte et Dessins par Maurice Sand, gravures par A. Manceau, préface par George Sand. *Paris, Michel Lévy frères,* 1860, 2 vol. gr. in-8, portraits en pied, demi-rel. dos et coins de mar. rouge, têtes dor., non rog., couv.

> Figures coloriées.

545. **Satyre Ménippée** (La) ou la Vertu du Catholicon. Edition nouvelle avec introduction et éclaircissements par M. Ch. Read. *Paris, Librairie des Bibliophiles,* 1876, in-8, port., br., couv.

> L'un des **170** exemplaires sur **papier de Hollande** (n° 40), avec un portrait de Henri IV par Lalauze, d'après Goltzius.

546. **Sauvage** (l'Abbé). Notre-Dame de Bon Secours. Vingt-cinq dessins par Fraipont. Introduction par le R. P. Monsabré. Notice historique par l'abbé Julien Loth. Description de l'église par l'abbé Sauvage. *Rouen, E. Augé,* 1891, gr. in-8, br., couv.

547. **Scènes** de la vie privée et publique des Animaux. Vignettes par Grandville. — Etudes de mœurs contemporaines publiées sous la direction de P.-J. Stahl, avec la collaboration de MM. de Balzac, La Bédollière, J. Janin, Ch. Nodier, G. Sand, etc. *Paris, Hetzel et Paulin,* 1842, 2 vol. gr. in-8, demi-rel. dos et coins de mar. vert, dos ornés à petits fers, fil. sur les plats, tête dor., non rog.

548. **Schmit** (J.-P.). Les deux Miroirs. Contes pour tous. Illustrations de MM. Gavarni, Célestin Nanteuil, de Beaumont, etc., etc. *Paris, A. Royer,* 1844, gr. in-8, demi-rel. dos de mar. tête de nègre, tête dor., non rog., couv.

549. **Scott** (Walter). Galerie des Femmes de Walter Scott. Quarante-deux portraits accompagnés chacun d'un portrait littéraire. *Paris, A. Dupont, Ritter et Goupil,* 1839, gr. in-8, chag. bleu, dos orné, fil. et ornem. sur les plats (*Rel. de l'Editeur*).

550. **Scott** (Walter). Quentin-Durward, traduction de Louis Vivien. Vignettes de Th. Fragonard, gravées par H. Porret. *Paris, P. M. Pourrat et Cie, s. d.,* gr. in-8, demi-rel. dos et coins chag. rouge, tr. dor.

551. **Second** (Al.). Les Petits Mystères de l'Opéra. Illustrations par Gavarni. *Paris, A. Kugelmann, Bernard-Latte,* 1844, in-8, br., couv.

552. **Ségur** (Cte de). Mémoires ou souvenirs et anecdotes. *Paris, A. Emery,* 1826, 3 vol. in-8, port., cart., non rog.

553. **Sem.** Bordeaux-Revue. Nouveaux Croquis de Sem. Avant-propos de Paul Berthelot. *S. l. n. d.,* in-4, demi-rel. dos et coins mar. rouge, tête dor., non rog., couv. (*Loisellier*).

554. **Sem.** Album. Réunion de 27 planches dont 9 doubles, gr. in-fol., dans le cartonnage de l'éditeur.

555. Sémiane (A.) et P. **Hucks.** Ohé, les Mœurs !... Chansons satiriques, douze lithographies de Willette. *Paris, G. Ondet,* 1895, in-4, fig., demi-rel. dos et coins mar. rouge, tête dor., non rog., couv. *(Loisellier).*

Exemplaire contenant la musique et les couplets à la fin du volume.

556. SÉVIGNÉ. Lettres de Madame de Sévigné, de sa famille et de ses amis, recueillies et annotées par M. Monmerqué. Nouvelle édition, revue sur les autographes, les copies les plus authentiques et les plus anciennes impressions, et augmentée de lettres inédites, d'une nouvelle notice, d'un lexique de mots, etc. *Paris, Librairie de L. Hachette et Cie,* 1862-1866, 14 vol. et 1 album, gr. in-8, demi-rel. dos et coins de mar. La Vall., têtes dor., non rog.

557. Shakespeare. Galerie des Femmes de Shakespeare, collection de quarante-cinq portraits gravés par les premiers artistes de Londres, enrichis de notices critiques et littéraires. *Paris, H. Delloye, s. d.,* gr. in-8, chag. vert, dos orné, ornem. dor. sur les plats, tr. dor. *(Rel. de l'époque).*

558. Shakespeare. Galerie des Personnages de Shakespeare reproduits dans les principales scènes de ses pièces. Ouvrage orné de quatre-vingt gravures, précédé d'une Notice biographique de Shakespeare par Old Nick. *Paris, Baudry,* 1844, gr. in-8, cart. de l'éditeur, tr. dor.

559. SHAKESPEARE. OEuvres complètes de W. Shakespeare traduites de François-Victor Hugo. *Paris, Paynerre,* 1865-1867, 18 vol. in-8, fig., demi-rel. dos de chag. rouge, tr. jasp.

On a ajouté la suite des fig. de H. Pille, gr. par Monziès.

560. Sieurin (M.-J.). Manuel de l'Amateur d'Illustrations, Gravures et Portraits, pour l'ornement des livres français et étrangers. *Paris, A. Labitte,* 1875, in-8, br., couv.

561. Souhart (R.). Bibliographie générale des Ouvrages sur la Chasse, la Vénerie, la Fauconnerie. *Paris, P. Rouquette,* 1886, gr. in-8, demi-rel. dos et coins de mar. bleu, dos orné, tête dor., non rog.

L'un des **500** exemplaires sur **papier vélin**.

562. **Souvenirs numismatiques** de la Révolution de 1848. Recueil complet des Médailles, Monnaies et Jetons qui ont paru en France depuis le 22 Février jusqu'au 20 Décembre 1848. *Paris, J. Rousseau, s. d.*, in-4, demi-rel. dos et coins de chagrin rouge, dos orné, tête dor., non rog.

563. **Souvestre** (E.). Le Monde tel qu'il sera, illustré par MM. Bertall, Penguilly et Saint-Germain. *Paris, W. Coquebert, s. d.*, in-8, demi-rel. chag. grenat, dos orné, tr. jasp.

564. **Spire-Blondel**. L'Art intime et le Goût en France. Grammaire de la Curiosité. *Paris, Rouveyre et Blond*, 1884, in-4, fig., cart. dos de mar. grenat, non rog., couv.

> L'un des **100** exemplaires sur **papier vergé** (n° 60), avec les figures en **2 états**.

565. **Spire Blondel**. Grammaire de la Curiosité. (L'Art intime et le Goût en France). Illustrations de MM. Fraipont, Lenoir, Ed. Rouveyre, etc. *Paris, Marpon et Flammarion, s. d.*, in-4, br., couv.

566. **Staël** (Mme la Baronne de). Corinne ou l'Italie. *Paris, Treuttel et Würtz*, 1841-42, 2 vol. in-8, fig., demi-rel. chag. vert, dos ornés, plats toile, tr. jasp.

567. **STAEL HOLSTEIN** (A. de). Notice sur Necker. *A Paris, chez Treuttel et Würtz*, 1820, in-8, portr. mar. rose foncé, dos orné, ornem. dor. et à froid sur les plats, tr. dor. (*Ducastin*).

> Envoi autographe de l'auteur.
> Bel exemplaire.

568. **STEINLEN**. Chansons de Femmes. Recueil de 15 lithographies de Steinlen, gr. in-fol. couverture.

> Exemplaire avec les épreuves tirées sur **papier de Chine** (n° 3).

569. **Sterne**. Voyage sentimental, traduction nouvelle, précédée d'un essai sur le ou les ouvrages de Sterne, par M. Janin. Edition illustrée par MM. Tony Johannot et Jacque. *Paris, E. Bourdin, rue de Seine-Saint-Germain, s. d.*, gr. in-8, demi-rel. dos et coins de mar. vert olive, dos orné, tête dor., non rog., couverture. (*Ritter*).

570. **Süe** (Eugène). Le Juif Errant. Edition illustrée par Gavarni. *Paris, Paulin*, 1845, 4 tomes en 2 vol. gr. in-8, cart., dos et coins de mar. noir, non rog., couv.

> Exemplaire de premier tirage, avec les couvertures.

571. **Süe** (Eugène). Les Mystères de Paris. Nouvelle édition revue par l'auteur. *Paris, Ch. Gosselin*, 1843, 4 vol. gr. in-8, fig., demi-rel. chag. vert, dos ornés, tr. jasp.

> Illustré avec de nombreux dessins de Nanteuil, Daubigny, Staal, Traviès, Daumier, etc.

572. **Swift.** Voyages de Gulliver dans les contrées lointaines, par Swift. Edition illustrée par Grandville. Traduction nouvelle. *Paris, Fournier, Furne,* 1838, 2 vol. pet. in-8, demi-rel. dos et coins de mar. grenat, dos ornés, têtes dor., tr. jasp. (*Champs*).

573. **SYLPHIDE** (La). Modes, Littérature, Beaux-Arts. *Paris, Aux Bureaux de la Sylphide*, 1840-1854, 26 vol. pet. in-fol., fig. color., demi-rel., non rog.

> On y joint un album contenant les planches des 5 et 6ᵉ vol.
> La première partie de l'année 1840, l'année 1845 et la deuxième partie de l'année 1854 manquent.

574. **Taine.** Voyage aux Pyrénées, par H. Taine. Troisième édition, illustrée par Gustave Doré. *Paris, L. Hachette et Cie,* 1860, gr. in-8, demi-rel. chag. La Vall., plats toile, tr. dor.

> Premier tirage des illustrations de Gustave Doré.

575. **TALLEMANT DES RÉAUX** (Les Historiettes de). Troisième édition, entièrement revue sur le manuscrit original et disposée dans un nouvel ordre, par MM. Monmerqué et Paulin Paris. *Paris, J. Techener,* 1854-1860, 9 vol. in-8, demi-rel. chag. bleu, têtes dor., non rog.

576. **Talleyrand** (Prince de). Mémoires du Prince de Talleyrand publiés avec une préface et des Notes par le Duc de Broglie. *Paris, Calmann-Lévy*, 1891-1892, 5 vol. gr. in-8, br., couv.

> L'un des **15** exemplaires sur **papier du Japon** (nᵒ 9).

577. **Tasse.** La Jérusalem délivrée, traduction nouvelle et en prose, par M. V. Philipon de la Madelaine, augmentée d'une description de Jérusalem, par M. de Lamartine. Edition illus-

trée par MM. Baron et C. Nanteuil. *Paris, Mallet et Cie*, 1844, gr. in-8, demi-rel. dos et coins de chag. bleu, tr. marbr. (*Rel. de l'époque*).

578. **Tenant de Latour.** Mémoires d'un Bibliophile. *Paris, E. Dentu*, 1861, in-12, br., couv.

579. **Thausing** (Moriz). Albert Dürer, sa vie et ses œuvres, traduit de l'allemand avec l'autorisation de l'auteur par Gustave Gruyer. Ouvrage illustré de 75 gravures en taille-douce, en lithographie et sur bois. *Paris, Firmin-Didot*, 1878, gr. in-8, demi-rel. chag. vert, tête dor., non rog.

580. **Thirion** (H.). Les **Adam** et **Clodion**. *Paris, A. Quantin*, 1885, in-4, br., couv.

Nombreuses figures dans le texte et planches hors texte.

581. **Tissandier** (Gaston). La plus grande Bibliothèque des plus petits livres du monde. *Paris, G. Masson*, 1894, gr. in-12, br., couv.

Exemplaire sur papier vergé.

582. **TOPFFER** (R.). **Voyages en zigzag**, ou Excursions d'un pensionnat en vacances, dans les cantons suisses et sur le revers italien des Alpes ; illustrés d'après les dessins de l'auteur et ornés de 15 grands dessins par M. Calame. *Paris, Dubochet et Cie*, 1844, gr. in-8, demi-rel. dos et coins de mar. vert olive, tête dor., non rog.

Exemplaire de premier tirage.

583. **TOPFFER** (R.). Nouveaux Voyages en zigzag, précédés d'une notice par Sainte-Beuve illustrés d'après les dessins originaux de Topffer. *Paris, V. Lecou*, 1854, gr. in-8, cart. toile de l'éditeur, tr. dor.

Première édition illustrée.

584. **Toudouze** (Gustave) et Maurice **Leloir**. Le Roy Soleil. *Paris, Ancienne Librairie Furne ; Combet et Cie*, 1904, in-fol., très nombreuses illustrations en coul., en feuilles, dans le cart. de l'édit.

585. **Tourneux** (Maurice). Théophile Gautier. La Bibliographie par Maurice Tourneux. Ornée d'une eau-forte de M. H. Valen-

tin. *Paris, J. Baur*, 1876, in-8, cart. dos et coins de toile grise, couv. non rog.

L'un des **100** exemplaires sur **papier vergé**.

586. **Tricotel** (Ed.). Variétés Bibliographiques. *Paris, J. Gay*, 1863, in-12, br., couv.

587. **Tripier Le Franc** (J.). Histoire de la vie et de la mort du baron **Gros**, le grand peintre. Rédigée sur de nouveaux documents et d'après des souvenirs inédits. Illustrée de ses armoiries reproduites par la photocromie de Vidal et Dalloz, de six de ses portraits retracés par l'héliogravure d'Amand Durand, d'un fac-simile de son écriture fait par Adam Pilinski et de son tombeau dû au dessin et à la gravure de Léopold Mar. *Paris, J. Martin et A. Baur*, 1880, in-4, mar. rouge, dos orné, fil., tr. dor. *(Engel)*.

588. **Uzanne** (Octave). Son Altesse la Femme, illustrations de H. Gervex, J.-A. Gonzalès, L. Kratké, A. Lynch, Adr. Moreau et F. Rops. *Paris, Quantin*, 1885, gr. in-8, couv. impr. en couleurs, emboîtage.

L'un des **100** exemplaires sur **papier du Japon** (n° 58).

589. **Uzanne** (Octave). Anecdoctes sur la Comtesse du Barry, avec préface et index. *Paris, Quantin*, 1880, gr. in-8, front. cart., dos et coins de mar. bleu, tête dor., non rog. couv.

Exemplaire unique sur **papier bleu** avec une affiche de publication. Autographe et ex-libris de O. Uzanne.

590. **Uzanne** (Octave). L'Art. dans la Décoration extérieure des Livres en France et à l'Étranger (Les Couvertures illustrées, les Cartonnages d'Éditeurs, la Reliure d'Art). *Paris, Société Française d'Éditions d'Art, L.-Henry May*, 1898, gr. in-8, cart. dos et coins de mar. La Vall., non rog., couv. *(Carayon)*.

L'un des 1000 exemplaires tirés sur papier vélin glacé (n° 908). Illustrations hors texte d'environ 130 pages en phototypie et en typographie de différents tons, 230 illustrations dans le texte, frontispice en deux tons, par Richard Wallace couverture en lithochromie du célèbre artiste-affichiste américain Louis Rhead.

591. **Uzanne** (Octave). Bouquinistes et Bouquineurs. Physiologie des Quais de Paris, du pont Royal au pont Sully. Illus-

trations d'Emile Mas, eau-forte frontispice de Manesse. *Paris, Librairies-Imprimeries réunies, May et Motteroz*, 1893, in-8, pap. vélin, br., couv. illust.

592. **Uzanne** (Octave). La Chronique scandaleuse, avec préface, notes et index. *Paris, Quantin*, 1879, gr. in-8, fig., cart. dos et coins de mar. bleu, tête dor., non rog., couv. (*Carayon*).

> **Exemplaire unique** sur **papier bleu** avec une figure en 2 états. Autographe et ex-libris de O. Uzanne.

593. **Uzanne** (Octave). La Femme à Paris. Nos Contemporaines, notes successives sur les Parisiennes de ce temps, dans leurs divers milieux, états et conditions. Illustrations de Pierre Vidal. *Paris, Librairies-Imprimeries réunies*, 1894, gr. in-8, pap. vélin filigrané de feuillages, br., couv., emboîtage en satin.

594. **Uzanne** (Octave). La Française du Siècle. Modes— Mœurs — Usages, illustrations à l'aquarelle de Alb. Lynch, gravées à l'eau-forte en couleurs, par Eug. Gaujean. *Paris, A. Quantin*, 1886, gr. in-8, br., couv. impr. en couleurs, emboitage.

595. **Uzanne** (Octave). La Gazette de Cythère, avec notice historique. *Paris, A. Quantin*, 1881, gr. in-8, front., cart. dos et coins de mar. bleu, tête dor., non rog., couv.

596. **Uzanne** (Octave). Le Miroir du Monde, notes et sensations de la vie pittoresque. Illustrations en couleurs d'après Paul Avril. *Paris, Quantin*, 1888, in-4, pap. vél. de Holl., br., couv. impr. en couleurs, emboîtage cuir japonais.

597. **Uzanne** (Octave). Les Modes de Paris, variations du goût et de l'esthétique de la femme, 1796-1897. Illustrations originales de François Courboin, dans le texte et hors texte, d'après des documents inédits. *Paris, Société française d'Editions d'Art, L. Henry May, Editeur*, 1898, pet. in-4, pap. vél., nombr. illustrations dans le texte et planches hors texte en couleurs, br., couv.

598. **Uzanne** (Octave). Les Mœurs Secrètes du XVIIIe Siècle, avec préface, notes et index. *Paris, Quantin*, 1883, gr. in-8, front. et fig., cart. dos et coins de mar. bleu, tête dor., non rog., couv.

> **Exemplaire unique** sur **papier bleu**, avec 1 vignette en 4 états. Autographe et ex-libris de O. Uzanne.

599. **Uzanne** (Octave). Nos amis les Livres. Causeries sur la littérature curieuse et la librairie, par Octave Uzanne. *Paris, A. Quantin* in-12, front., br., couv.

> Exemplaire sur **papier Whatman,** non numéroté, avec le frontispice en **3 états**.

6oo. **Uzanne** (Octave). La Nouvelle Bibliophilis. Lithographies en couleurs et marges décoratives de H.-P. Dillon. Frontispice à l'eau-forte d'après Félicien Rops, nombreuses illustrations dans le texte et hors texte. *Paris, H. Floury,* 1897, in-12, br., couv.

> L'un des **500** exemplaires sur **papier vélin** satiné (n° 217).

6o1. **Uzanne** (Octave). Physiologie des Quais de Paris, du pont Royal au pont de Sully. Illustrations d'Emile Mas, eau-forte frontispice de Manesse. *Paris, May et Motteroz,* 1893, gr. in-8, br., couv.

6o2. **Uzanne** (Octave). La Reliure moderne, artistique et fantaisiste. Illustrations reproduites d'après les originaux par P. Albert-Dujardin et Dessins allégoriques de J. Adeline, G. Fraipont, A. Giraldon. Frontispice de Albert Lynch gravé par Manesse. *Paris, E. Rouveyre,* 1887, gr. in-8, br., couv.

> On y joint : Derôme (L.). La Reliure de Luxe. Le Livre et l'Amateur. Illustrations inédites reproduites d'après les types originaux par Aron Frères et Dessins de G. Fraipont, C. Kurner, M. Perret. Frontispice reliure peinte par J. Adeline. *Paris, Ed. Rouveyre,* 1888, gr. in-8, br., couv.

6o3. **Uzanne** (Octave). Types de Londres, par William Nicholson. *A Paris, chez H. Floury,* 1898, in-fol., 13 planches en couleurs, br., couv.

> L'un des **40** exemplaires sur **papier du Japon**.

6o4. **Uzanne** (Octave). Les Zigzags d'un Curieux. Causeries sur l'Art des Livres et la Littérature d'Art. *Paris, Quantin,* 1888, in-12, front., br., couv.

> L'un des **30** exemplaires sur **papier Whatman** avec le frontispice en **2 états**.

6o5. **Vachon** (Marius). Les Arts et les Industries du Papier en France, 1871-1894. *Paris, May et Motteroz, s. d.,* in-4, fig., br., couv., dans un carton.

606. **Vachon** (Marius). La Femme dans l'Art. Les Protectrices des arts. Les Femmes artistes. Ouvrage orné de 400 gravures. *Paris, Rouam et Cie*, 1893, in-4, cart. dos et coins de toile, tête dor., non rog.

607. **Vachon** (Marius). Jules Breton. *Paris, A. Lahure*, 1899, gr. in-4, en feuilles, dans un carton.

> Orné de 100 gravures dans le texte et hors texte et 20 planches hors texte en héliogravure.
> **Edition d'artiste** contenant, en outre, des 20 planches hors texte, 82 fac-similés des dessins originaux, tirage avant la lettre : deux sur papier à dessin bleuté, gouachés et un **croquis original** de **Jules Breton** et sa signature.

608. **Vachon** (Marius). Jules Breton. *Paris, A. Lahure*, 1899, gr. in-4, br., couv.

> Orné de 100 gravures dans le texte et hors texte et de 20 planches hors-texte en héliogravure.

609. **Varin** (Amédée). Les Papillons. Métamorphoses terrestres des peuples de l'air. Texte par Eug. Nus et Antony Meray. *Paris, G. de Gonet, s. d.*, 2 vol. gr. in-8, fig. en noir dans le texte et planches hors texte color., cart. percal. grise, non rog. (*Pierson*).

610. **Veber's** (Les). La Joviale Comédie. *Paris, Simonis Empis*, 1896, gr. in-8, fig., demi-rel. dos et coins mar. citron, dos mosaïq., tête dor., non rog., couv. illust. (*Meunier*).

> L'un des **20** exemplaires sur **papier du Japon** (n° 9).

611. **Veber** (P.). Les Veber's, les Veber's, les Veber's. *Paris, E. Testard*, 1895, gr. in-8, fig., demi-rel. dos et coins de mar. citron, dos orné, tête dor., non rog., couv. (*Ch. Meunier*).

> Le texte humoristique de Pierre Veber est illustré de plus de 400 compositions par Jean Veber.
> L'un des **25** exemplaires sur **papier du Japon** (n° 6).

612 **Vecellio** (Cesare). Costumes anciens et modernes, précédés d'un essai sur la gravure sur bois par Amb. Firmin-Didot. *Paris, Firmin-Didot*, 1859, 2 vol. in-8, nombr. planches grav. sur bois, demi-rel. dos et coins chag. rouge, dos ornés, têtes dor., non rog.

> On y joint : Essai typographique et bibliographique sur l'histoire de la gravure sur bois par A. Firmin-Didot pour faire suite aux costumes anciens et modernes de César Vecellio. *Paris*, 1863, in-8, br., couv.

6i3. **Vento** (Claude). Les Peintres de la Femme. *Paris, E. Dentu,* 1888, gr. in-8, fig., br., couv.

6i4. **Véron** (L.). Mémoires d'un Bourgeois de Paris, par le Dr L. Véron. *Paris, G. de Gonet,* 1853-1855, 6 vol. in-8, demi-rel. mar. La Vall., tête dor., non rog.

On y joint : Nouveaux Mémoires d'un Bourgeois de Paris, par le Docteur L. Véron. *Paris, Librairie Internationale.* 1866. in-8, demi-rel. mar. La Vall., tête dor., non rog.

6i5. **VICAIRE** (G.). **Manuel de l'Amateur des Livres du XIXe siècle,** 1801-1893, préface de Maurice Tourneux. *Paris, A. Rouquette,* 1894-1909. Fascicules de 1-20 (6 vol. et 2 fasc.)., in-8, br., couv.

L'un des 1000 exemplaires sur papier vélin (n° 323).

6i6. **Vie en Images** (La). La Chasse à Courre et à Tir par R. Valette — Le Soldat Français, par E. Chaperon — Le Marin Français par G. Bourgain. *Paris, H. Laurens, s. d.,* 3 vol. in-fol. ill., br., couv.

Exemplaires sur **papier du Japon**.

6i7. **Vieil-Castel** (Cte H. de). Mémoires du Comte Horace de Vieil-Castel sur le Règne de Napoléon III (1851-1864), publiés d'après le manuscrit original et ornés d'un portrait de l'auteur. *Paris,* 1883-1884, 6 vol. in-8, br., couv.

Edition originale. Rare.

6i8. **Villermont** (Marie de). Histoire de la Coiffure féminine, par la Comtesse Marie de Villermont. *Bruxelles, Ad. Mertens,* 1891, in-4, fig., br., couv. illust.

6i9. **Vitta** (E.). A Travers un Vitrail, poésies d'Emile Vitta. Dessins de Willette et de Boutet de Monvel. *Paris, L. Vanier,* 1892, in-4, br.

620. **Vivant-Denon.** L'Œuvre originale de Vivant-Denon, ancien directeur général des Musées. Collection de 317 eaux-fortes dessinées et gravées par le célèbre artiste, réunion formant l'album le plus complet et le plus varié pour l'étude de la gravure à l'eau-forte, avec une notice très détaillée sur sa vie intime, ses relations et son œuvre, par M. Albert de la

Fizelière. *Paris, A. Barraud*, 1873, 2 vol. in-fol., demi-rel.
mar. brun, dos ornés, non rog.

Exemplaire avec le portrait gravé de l'auteur, dessiné par Guérin.

621. **Vogüé** (Vicomte E.-M. de). Le Portrait du Louvre, conte
de Noël. Illustrations de M. le Comte de l'Aigle. *Paris, H.
Launette et Cie. — G. Boudet, Succ*[r], 1889, in-4, texte auto-
graphié, avec 30 compositions à l'aquarelle, en feuilles, dans
un élégant cart. illustré en satin.

622. **Voiart** (Elise). Le Robinson Suisse, traduit de l'allemand
de Wys, précédé d'une introduction de M. Charles Nodier.
Orné de 200 vignettes d'après les dessins de M. Ch. Lemer-
cier. *Paris, Lavigne*, 1841, in-8, demi-rel. dos et coins de
mar. bleu, tr. jasp.

623. **Voyage où il vous plaira**, par Tony Johannot, Alfred de
Musset et P.-J. Stahl. *Paris, J. Hetzel*, 1843, in-4, fig., demi-
rel. dos et coins de mar. rouge, tête dor., tr. ébarbée.

624. **Vuillier** (Gaston). Les Iles oubliées. Les Baléares, la Corse
et la Sardaigne, impressions de Voyages illustrés par l'auteur.
Paris, Hachette et Cie, 1893, gr. in-4, br., couv.

625. **Vuillier** (Gaston). Plaisirs et Jeux, depuis les origines. 279
planches et vignettes d'après des Peintures, Estampes et Dessins originaux, 19 héliogravures, frontispice d'après une
aquarelle de l'auteur. *Paris, J. Rothschild*, 1900, in-4, demi-
rel. dos et coins de mar. vert olive, dos orné, tête dor., non
rog.

626. **Watteau.** Cent dessins de Watteau gravés par Boucher,
précédés d'une préface par Paul Mantz. *Paris, Librairie Illustrée*, 1892, in-4, demi-rel. dos et coins de mar. olive, tête
dor., non rog., couv. (*Canape*).

627. **Willette.** Pauvre Pierrot. *Paris, L. Vanier, s. d.*, in-4,
fig., en feuilles, cartonn. de l'éditeur.

Exemplaire sur **papier du Japon**.

628. **Willette.** V'là les English. Numéro spécial illustré par le
Rire, s. d., in-fol., br., couv. illust.

Exemplaire sur **papier du Japon**.

629. **Yriarte** (Charles). Les Bords de l'Adriatique et le Monténégro. Venise — l'Istrie — le Quarnero — la Dalmatie — le
Monténégro et la rive italienne. Ouvrage contenant 257 gravures sur bois et 7 cartes. *Paris, Hachette et Cie*, 1878, in-4,
demi-rel. chag. rouge, dos orné, fers spéciaux, tr. dor.

630. **Yriarte** (Charles). La Vie d'un Patricien de Venise au XVIe
siècle, d'après les papiers d'Etat des Frari, avec 136 gravures
et 8 planches, reproductions des monuments du temps et des
fresques de Paul Véronèse. *Paris, J. Rothschild, s. d.*, gr.
in-8, demi-rel. dos et coins de mar. grenat, dos orné, non
rog., couv.

631. **Yve-Plessis** (R.). Bibliographie raisonnée de l'Argot et
de la langue verte en France du XVe au XXe siècle, préface
de Gaston Esnault. Ornée de 8 planches hors texte. *Paris,
Daragon et Sacquet*, 1901, in-8, br., couv.

L'un des **200** exemplaires sur **papier teinté** (nº 98).

632 à 650. **Sous ces Numéros, il sera vendu séparément et
par lots 500 volumes non catalogués.**

Arras. — Imp. Schoutheer Frères, rue des Trois-Visages, 59.

www.ingramcontent.com/pod-product-compliance
Ingram Content Group UK Ltd.
Pitfield, Milton Keynes, MK11 3LW, UK
UKHW020944140726
13695UKWH00003B/1209